随园班主任小丛书　　总主编　齐学红

真体验，真发展

班级特色活动设计

钱淑云——主编

ZHENTIYAN ZHENFAZHAN

复旦大学出版社

总序：看见学生，看见自己

策划"随园班主任小丛书"的想法有两个原因：

一是从班主任工作实际出发，为广大一线班主任量身打造一套短小精悍、易于操作、方便携带的实用指导书，是自己从事班主任研究近20年形成的研究自觉和教育初心。一线班主任老师长期处于实施教学与管理、协调校内外各种教育关系、落实学校各项工作的关键岗位，往往无暇、无力对自己的班主任工作进行审视和反思，从事班主任研究更是奢望；他们面对大部头的教育理论书籍，更是望而却步，敬而远之；他们渐渐地在大量事务性工作中迷失了自我，进而产生了职业倦怠现象。因此，为一线班主任老师提供好的指导用书，成为自己多年的心愿。

二是源于自己的读书经历。早在1984年，我自己初为人师，在中学教语文的同时担任班主任工作。虽然是师范院校毕业，但那时既不会教书也不会做班主任。在图书资源贫乏的80年代，除了基本的教学参考书之外，读到的唯一一本教育经典著作是苏霍姆林斯基的《给教师的一百条建议》，正是这本书开启了我对教育研究的热爱。除此之外，当时还有一套人文社会科学的启蒙之作叫"五角丛书"：五毛钱一本，书的开本不大，可以装在口袋里；内容涵盖了许多人文社会科学的经典著作，对我而言是人文精神的启蒙，至今仍难以忘怀。自己从教30多年，仍能保持热爱教育、热爱学生的初心，是与人文思想的启蒙分不开的。在我看来，对于生活在这个日渐浮躁时代的年轻教师而言，教育教学方法、班级管理经验的习得与积累固然重要，更重要的是需要人文精神的启蒙。只有明白了何为教育，为何而教，何为社会，何为人生以及一个人如何追求生活的意义和价值，才能履行教育事业应有的人类文明、文化传承的使命。而这样的人文社会科学思想的启蒙，要比具体的教育教学方法更重要。从阅读"五角丛书"到编写"随园班主任小丛书"，承载了一位从中学教师成长为大学教师的教育学者的教育梦。

因此，这套小丛书的编写并不局限于班级教育与管理的方法策略层面，而更多的是从班主任的生命历程出发，呈现这些方法策略是何以诞生的，它们与作为具体生命存在的班主任的生活史、成长史密不可分。从小丛书的几本书名来看——《初任也智慧——初任班主任的11个第一次》《让我看见你——学生问题教育诊疗》《"慧"沟通——家校沟通有讲究》《1加1大于2——家班共育有创意》《真体验，真发展——班级特色活动设计》——都是从优秀班主任成长历程中的关键事件出发，发掘自身生命成长的重要元素，进而为年轻班主任老师提供可资借鉴的实践智慧。

例如，《初任也智慧——初任班主任的11个第一次》一书，选取初任班主任的11个第一次：第一次见面会，第一次排座位，第一次订班规、选班委、开班会、组织活动、处理突发事件，第一次开家长会、家访，第一次写评语等关键事件；写作体例主要包括几大板块："成长案例""教师说""学生说""家长说""专家说""带班小窍门""我的思考"。通过案例分析，多角度、全方位地看待初任班主任成长中一个个看似平常的小事件可能蕴含的大智慧，以及对于班主任个人成长的意义和价值所在。

《让我看见你——学生问题教育诊疗》一书，旨在帮助更多的老师增强因材施教的意识与能力，掌握更多的了解学生、"看见"学生、解读学生的方法，通过收集学生多方面的信息，为日益复杂多变的学生问题把脉。其中传递出的发现学生、与学生一起成长的意识，以及研究学生、读懂学生的方法策略是难能可贵的。

参与这套小丛书编写的作者,是南京师范大学班主任研究中心"随园夜话"的核心成员以及长期的合作伙伴。他们有着丰富的班主任工作实践经验,其中大多数是名班主任工作室的主持人或成员,他们对班主任工作抱有的教育热情、专业精神与研究态度,可以为广大一线班主任提供很好的示范作用;其中呈现的方法策略和实践智慧,具有很强的指导作用。希望广大读者在这套丛书中看见学生、看见自己,共促师生生命成长!

南京师范大学班主任研究中心教授、博导

齐学红

写于南京朗诗国际

2022 年 10 月 3 日

目 录

给班主任的话 /001

一 学会生活　快乐成长

1　这些事　我能做 …………………………………………… 002
2　爱心卡　传起来 …………………………………………… 008
3　大自然　真美好 …………………………………………… 012
4　小公益　大本领 …………………………………………… 017

二 家国情怀　不忘初心

1　"别样"纪念日　浓浓家国情 …………………………… 024
2　"百家讲坛"社区行 ……………………………………… 029
3　我家住在长江北 …………………………………………… 034
4　家是最小国　国是千万家 ……………………………… 040

三 特别的日子　特别的你

1　我爱中国节 ………………………………………………… 048
2　"花样"生日会 …………………………………………… 054

  3 "校园节日"大展示 ·············· 061

  4 班级诗词大会 ·············· 066

四 温暖亲情 强健身心

  1 我的游戏我做主 ·············· 074

  2 励志远足 慈善行走 ·············· 080

  3 我家的男神女神 ·············· 085

  4 亲子共成长 ·············· 092

五 好习惯受益终身

  1 我是劳动小能手 ·············· 100

  2 我是安全小卫士 ·············· 106

  3 我是学习小标兵 ·············· 111

  4 我是运动小达人 ·············· 117

六 假日小队这样玩

  1 保护母亲河 我们在行动 ·············· 124

  2 垃圾分类 我们先行 ·············· 128

  3 绿色环保 低碳生活 ·············· 133

  4 走读金陵 诗意家园 ·············· 138

七 美好生活我来创

  1 劳动成就美好人生——小农匠 ·············· 146

  2 Running Books——阅读接力 ·············· 152

目录

3 快乐成长没烦恼 ·· 158

4 纸飞机 飞起来 ·· 162

后记 /168

给班主任的话

亲爱的读者,你是新手班主任吗?还是工作十年、二十年的班主任?抑或是坚守班主任岗位已有三十余年呢?不知道班主任这个角色给你带来了怎样的体验?是越来越享受?还是越来越烦累?

我们听过很多班主任发自内心的一些声音:

"我非常喜欢做班主任,我觉得和孩子在一起,我活得才有价值!"

"感觉自己还是个孩子,我怎么管理一群小'魔头'?"

"班主任的活怎么越来越多,多得做不完!"

"现在的学生怎么一届不如一届?"

"做了三十年的班主任,虽然很辛苦,但每次毕业的学生来学校看我,心里还是有一丝感动的。"

……

不同的阶段,有着不同的心境;不同的心境,决定了不同的班级管理方式;不同的班级管理方式,也会带来不同的班级样貌。

面对繁杂的班主任工作,我们需要沉下心来,重新审视班主任工作。尤其是面对纷繁复杂的班级活动,我们是否能多一些创新,多一些温暖,多一些仪式感,寻一处心灵驿站,安放属于我们和孩子们之间的欢声和笑语呢?

这本书将带你走进不一样的班级活动的世界。之所以称之为"班级特色活动",主要在于其形式和内容的"新"。新在哪些地方呢?

首先,班级特色活动符合新时代的特征。中国特色社会主义进入新时代,教育也走进了新时代。教育要面向未来,我们应该怎样应对?我们要积极面对机遇和挑战,培养人才。教育要树立以人为本、人人成才、人尽其才的观念。人才像棵大树,树尖上是人才,树两侧也是人才。教育要个性化,

真体验，真发展——班级特色活动设计

要有选择性，要全方位、全面地发展。我们面对的学生是一群天真烂漫的孩子，是一群喜怒哀乐溢于言表的儿童。他们都是发展中的人，来自不同的家庭，有着不同的生活经验、不同的个性、不同的需要。作为班主任的我们在建设班集体、组织班级活动时，如果能在组织和设计时充分考虑新时代儿童的特征和需求，活动的效果和收益一定能够更加显著。

其次，班级特色活动是情感交往的纽带。情感，不仅是一个人的认知与行为之间的催化剂，更是一个人健全人格中的重要内容。班级特色活动的指导者是班主任老师和任课教师。学生是班级特色活动的主体，是主动的发现者、探索者。教师通过了解、启发、引导受教育者内在的需求，创设和谐、宽松、民主的教育环境，引入家长、社会等资源，有目的、有计划、用心用脑地共同策划、组织各种教育活动，从而陪伴着学生努力成长为独立自主、自觉能动、积极创造地进行认识和实践活动的社会个体。与传授知识不同的是，教师和学生在一起活动时，既是合作者，又是参与者。活动的形式与内容，既能够立足师生的情感需要，又能关注到师生之间的情感互动，在多方情感共鸣、共荡、共流、共生中，促进师生关系的和谐，也能提升师生情感发育的完整与情绪情感的调控能力。

在现实情境中，总有少数的学生在班级里存在人际交往的困难或者其他心理障碍，如厌学等。在班主任的指导和帮助下，通过开展一系列让学生自行筹划、组织、分工、合作的班级特色活动，可使学生进一步亲身体会到参与活动对自己和同伴的影响，并体验、体悟一些与人相处、自我提升的智慧，在增进班级同学之间的相互了解、理解及关爱的基础上，学生也逐步认识到学会与别人交往是培养健全人格的重要途径。比如，在班级组织的"关爱他人　传递温暖"特色活动过程中，原本有些胆小的学生在参与活动、与同伴交往中，学会发现自己和别人身上的闪光点，从中体会到欣赏与被欣赏、信任与被信任、帮助与被帮助的愉悦，从而乐于并善于与别人沟通交流，增强自信心，也会尝试着去欣赏他人、帮助他人。活动的开展，对学生健全人格的培养、行为习惯的训练与养成，起到了潜移默化的作用。可以说，班级特色活动是充满着情感温度的。

再次，系列化、体系化的班级特色活动增值活动效果。班级活动的种类多种多样。按活动方式分,可分为课内活动和课外活动。课内活动的场所以教室、学校为主,课外活动的场所以家庭、社区、红色教育基地、博物馆、公园、图书馆等为主。按活动内容分,可分为思想品德教育活动、文化学习活动、科技活动、文娱活动、劳动活动、实践活动、游学活动、主题教育活动等。根据学生认知发展和道德发展的规律,在策划和实施班级特色活动时,我们会考量到不同年段学生的身心发展特点与成长需要,不同年段的同一主题的活动,在内容设计、目标确定、形式选择上会使得活动呈现螺旋上升的特点,突出活动序列性。对同一主题的活动,我们也会带领学生从教室走向校园、走向家庭、走向社区,在不同的活动场域中,组织开展同一主题的活动,形成活动的系统性。活动的设计与组织也会突出由近至远、由易到难、由浅入深、由已知到未知、由具体到抽象、由下学至上达,依序展开。

赞可夫说:"儿童的全面发展,在孤独和隔离中是不可能的,只有在具体的内容丰富而形式多样的活动中才有可能。"总之,班级特色活动就是班集体以学校工作理念为核心,结合班级学生特点和需求开展的具有一定特色的班集体活动,具有内容的传承性、形式的创新性、目标的延续性和班级文化的标识性等特点,是班集体建设的重要载体,是创建特色班集体的抓手,有利于形成良好的班集体凝聚力和班风,对班集体的发展和学生的成长具有不可替代的作用和意义。

编者
2023 年 5 月

一　学会生活　快乐成长

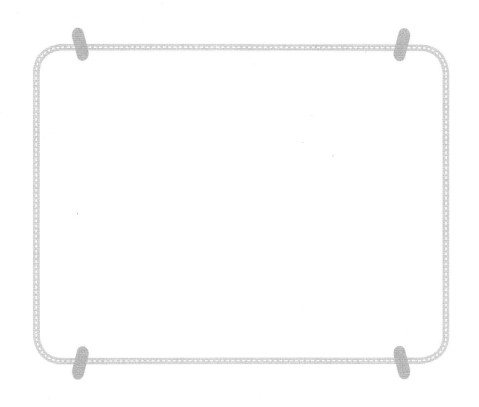

真体验,真发展——班级特色活动设计

1 这些事 我能做

【活动缘起】

劳动教育是中国特色社会主义教育制度的重要内容,直接决定社会主义建设者和接班人的劳动精神面貌、劳动价值取向和劳动技能水平。长期以来,学校教育坚持教育与生产劳动相结合,在实践育人方面取得了一定成效。但也要看到,近年来一些青少年中出现了不珍惜劳动成果、不愿劳动、不会劳动的现象,劳动的独特育人价值在一定程度上被忽视,劳动教育正被淡化、弱化。

【活动设计】

活动一 自己的事情自己做

著名教育家陶行知说过:"滴自己的汗,吃自己的饭,自己的事自己干,靠人靠天靠祖上,不算是好汉!"进入小学一年级后,吃饭、穿衣、听课、做作业、整理书包、整理自己的房间、购买日用小商品之类的事情是孩子自己的事情,理应由孩子自己来做。

活动年级:一、二年级

活动地点:教室

活动准备:书包等

一、共同约定,效率更高

一年级孩子踏入校园有一个月了,已熟悉了校园生活。今天我带领孩

一 学会生活 快乐成长

子们开展了"自己的事情自己做"主题教育活动。首先我鼓励孩子们一起讨论并约定,说一说哪些事情需要自己做、怎么做。

课前我给每个小组发了一张卡纸,孩子们可以将约定写下来,也可以画下来。等孩子们完成后,我和大家逐一讨论他们自己写的约定,并把重要的内容确定为班级约定。

二、互相督促,及时反馈

既然是自己的约定,大家就一定要遵守。我给孩子们每人制定了一份"自己的事情自己做"共同约定的计划,同桌互相进行督促打勾,每周进行反馈,表扬能做到的孩子,授予他们"自理之星"的光荣称号。

三、坚持打卡,习惯养成

据研究,习惯的养成至少需要 21 天,因此我和孩子们约定进行"21 天打卡"活动。我在班级 QQ 群里,设置了一个相册,家长把孩子每天好的言行举止、体现进步之处照片传至群相册,一起见证孩子的习惯养成。

一个月下来,大多孩子自觉养成自己背书包上下学的好习惯。如果有个别爷爷奶奶要争抢着背,孩子们会反过来劝告长辈。当然,"冰冻三尺非一日之寒",孩子自理能力的培养是一个漫长的过程。只要他们自己能做的事,就要给他们创造锻炼的机会。只有这样,孩子们自理能力才能提高。

设计意图

这次主题活动,让孩子建立起劳动的意识,懂得"自己的事情自己做"这个最基本的道理。家长们也通过参加这次活动对家庭教育产生新的认识。因此,活动后孩子们对家长的依赖逐渐减少,他们的独立意识变强,自理能力愈发提高。在劳动中,孩子们体验到劳动的快乐,感受着成功的喜悦。经过一段时间"自己的事情自己做"的评比,大部分孩子都学会了自己整理学习用品、系红领巾、整理房间等小技能。

相关链接

"自己的事情自己做"评价表,可扫码下载。

活动二　金陵娃，一起劳动吧

苏霍姆林斯基曾说过："劳动，不仅仅意味着实际能力和技巧，而且首先意味着智力的发展，意味着思维和语言的修养。"可见，劳动不是简单地使用蛮力，劳动是能力，是技巧。"巧"是巧妙、灵巧，即便是最简单的扫地，也要掌握好巧妙的方法，才能扫得快、扫得干净。这样的巧妙，一次不够，两次太少。唯有坚持，才能成为伴随一生的能力——让生活幸福的能力。

活动年级：三、四年级

活动地点：家里

活动准备：劳动用具

一、发出倡议，明确要求

今年的寒假比较特别，我们参加了"金陵娃，一起劳动吧"劳动主题教育活动。首先我向班级的孩子们提出了倡议，希望大家在寒假里，能够帮助爸爸妈妈做一些力所能及的家务劳动，体会大人的辛苦，感受劳动的快乐。

倡议发出后，我和孩子们共同研究讨论并约定：作为中年段的学生，大家可以围绕家居清洁、收纳整理、制作简单的家常菜等方面进行劳动。利用寒假和爸爸妈妈一起进行大扫除，收拾房间和书桌；也可以跟着爸爸妈妈学习制作一道家常菜，和爸爸妈妈分享劳动的喜悦。另外，还可以使用文字、图片、视频来秀一把。

二、自主申报，动手实践

同学们根据自己的实际情况和兴趣爱好，选择其中一至两项家务劳动，有计划地完成。居家清洁，我们可以这样做：先学会使用扫帚、鸡毛掸、拖把等清洁工具；打扫自己的卧室和书房；清洗自己的衣物；对家中日常产生的垃圾进行分类。收纳整理，我们可以这样做：整理自己的书架，归类摆放书籍；将常用的文具集中收纳；根据春节的氛围，合理布置家庭环境，营造喜庆的气氛，做好招待客人的准备。烹饪美食，我们可以这样做：做好择菜、洗菜等烹饪前的准备工作；在家长的指导下，先学会使用灶具或烹饪小电器；做一道美味菜肴。

一 学会生活 快乐成长

三、天天打卡，星星奖励

为了展示孩子们的劳动成果，我在QQ群中设置了一个专属相册，孩子们可以定期上传劳动照片或成果照片。有的家长还将孩子劳动的过程做成了视频，保存孩子参与劳动的动人时刻。为了激励更多的孩子参与到这次活动中来，我开展了"星星奖励"活动，对于每天都参与劳动的孩子进行星星奖励，获得星星奖励的孩子在开学时，可以得到老师的神秘礼物。

设计意图

孩子们利用假期完成力所能及的家务劳动，在劳动中成长、在劳动中收获。此次活动增强了孩子们的生活自理能力，提高了勤俭节约的意识，培养了孩子们的家庭责任感；进一步丰富了他们的劳动体验，提高了劳动能力，深化了对劳动价值的理解。

相关链接

活动场景，可通过扫码查看。

活动三　争做小药师，收获大快乐

为继承和弘扬中医药文化，增进青少年对中华优秀传统文化的了解与认同，学校特开辟了中草药种植园。在孩子们的眼里，植物的根、茎、叶、花、果实、种子都有一个个讲不完的故事，深深地吸引着他们。但孩子们对于中草药的种类、生长的特性、营养价值等并不了解。我们可以利用学校的中草药种植园，让孩子们在劳动中体会种植的快乐，探索大自然的奥秘。

活动年级：五、六年级

活动地点：学校中草药种植园

活动准备：种子、劳动用具等

一、了解习性，确定种类

校园里有一个中草药种植园，里面分成了好几块地，由班级轮流种植、观察。这个月终于轮到我们班了,孩子们非常开心。我们一起来到种植园,共同商讨我们如何用好这片种植园。孩子们在活动前做了充分的调查,争先恐后地分享道:"我们可以种板蓝根、何首乌、艾草,我们还可以种一些灵芝……"经过讨论,我们决定根据季节的特点,种植桔梗、柴胡、黄芩,用一天天的付出与培育一起见证它们的成长。

二、分组合作,播下种子

观察完种植园,我们回到教室,根据计划商量后续工作。种植园现有六块地,于是我把全班分成了六组,每组组员商量自己小组的种植计划。从选种子、确定劳动用具,到选肥料,都由孩子们自己来决定。种植时间定在每天下午的第三节课。

第一周,孩子们在家长的帮助下,买来了种子、肥料和劳动用具。孩子们有的松土,有的拔草,有的施肥,还有的浇水。别看他们年龄小,干起活来有模有样的。种子种下去了,接下来就是精心呵护和记录它们的成长。每组推选两名"护绿小天使",每天对植物进行浇水和养护,每周五我们会一起来到种植园,见证中草药的成长,孩子们还写下了观察日记。

三、共同呵护,体会成长

很多同学都是第一次种植,不知道怎样种,七手八脚地乱作一团。有些小组的同学把种子撒多了,剩下的地只能用大蒜种子来充数;有些小组排列得很整齐;有些小组零星撒种。总之,大家是"各显神通"。

经过一段时间的劳动实践,同学们渐渐掌握了一些劳动技能。在老师的指导下,他们已陆续种了桔梗、板蓝根、金银花等,品种越来越多。

设计意图

开展种植园中草药种植体验活动,既是构建科学的综合实践活动课程体系的要求,也是开展社会实践和生命教育的有效途径。小小种植园,让孩子们有机会走出课堂,走进自然,为学生的全面发展提供了一个开放的空间,让学生充分感悟自然生命的生长。种植园种植活动,让孩子们通过家长、同伴、书本、网络等多种途径来获得有关中草药的知识,并在小组观察、集体交流等活动中,培养学生细致观察、积极探索、相互协助、大胆表达等多方面的能力。

相关链接

学生种植场景请扫码查看。

【活动反思】

21世纪需要培养自立、创新的人才。对于培养未来人才来说,劳动技能是必不可少的。通过一系列劳动教育实践活动,孩子们以不同的形式来亲身参与劳动,进一步认识劳动的价值和意义,切身体验劳动的艰辛与乐趣,认识幸福生活来之不易;同时,孩子们在劳动中增强对校园、家庭和社会的责任担当意识,锻炼生存、生活的实操本领,争当全面发展的好学生。

【专家点评】

"一勤天下无难事"。中华民族是勤于劳动、善于创造的民族。正是因为劳动创造,我们拥有了历史的辉煌;也正是因为劳动创造,我们拥有了今天的成就。

2018年9月10日,习近平总书记在全国教育大会上发表讲话时强调:"要在学生中弘扬劳动精神,教育引导学生崇尚劳动、尊重劳动,懂得劳动最光荣、劳动最崇高、劳动最伟大、劳动最美丽的道理,长大后能够辛勤劳动、诚实劳动、创造性劳动。"

班主任老师在组织班级劳动教育活动时,既考虑学生的年龄特点,又考虑每一个活动适宜的时间与地点,使得劳动教育从学校教育走进家庭教育,从学生的校园生活走向假期生活,从关注自身走向关注他人及自然生命。这样的系列化劳动教育活动,循序渐进,逐步深入。同时,活动有具体安排与布置,有过程实施与引导,也有总结反馈与激励,每个活动过程均有始有终,首尾呼应,可促进学生劳动习惯与技能的形成。

2 爱心卡 传起来

【活动缘起】

孔子说:"仁者爱人。"费尔巴哈要建立的新哲学也是以爱为基础的,他说:"爱是存在的标准——真理和现实的标准,爱心是人性中最基础的东西,是一个人最基本的素质,是素质教育中的一个不可缺少的部分。客观上如此,主观上也是如此。没有爱,也就没有真理。"

然而,现今的孩子却普遍缺乏爱心,他们集万千宠爱于一身,却不懂得对别人付出自己的爱。任性、乱发脾气、不知体贴大人、对父母长辈指来挥去等现象更是屡现不鲜。

爱心是人类极为重要的基本素质。从小开始培养孩子的爱心是一件刻不容缓的事情,已成为当前教育的重要任务之一。

【活动设计】

活动一 小小爱心卡,传递正能量

每年的3月5日,学校都会开展各种各样、丰富多彩的"学雷锋日"活动,这是孩子们学习雷锋精神、争做好人好事的良好时机。但是,学习雷锋精神却不应当仅仅在3月5日这一天,也不应仅限于"学雷锋周""学雷锋月",而应该是一个一直延续不断的行动。我们可以借"爱心卡"为媒介,把爱心和正能量传递下去。

活动年级:四年级

活动地点:教室、校园和爱心能够传递到的地方

活动准备:彩色卡纸、水彩笔、剪刀等工具

又是一年3月5日"学雷锋日",在参加了学校的一系列活动后,孩子们

更为深入地了解了雷锋叔叔的感人事迹。他们通过发现身边的好人好事、为身边的人做好事、为他人献爱心等方式,在自己力所能及的范围内践行着"雷锋精神"。但我更希望"追寻雷锋叔叔的足迹"活动能在孩子们心中一直延续。于是,我在班上开展了一次"爱心卡传递"活动。

首先,为孩子们播放了名为《将爱传递下去》的电影。影片中,一位老师要求他的学生想出一个能够改变这个世界的方法,并且付诸实施。其中一个学生的创意是这样的:他去帮助三个人,不要求回报,只要求传递那份帮助,那份爱心。

接下来,明白了电影中"爱心传递"思想后的孩子们,用自己的双手制作精美的爱心卡,并在卡片上写上美好的祝福语,初步体会到"赠人玫瑰,手有余香"的幸福和快乐。

我们的"爱心卡"首先在校园里传递。孩子们在校园里寻找好人好事,看到高年级同学帮助低年级孩子时,便送上一张爱心卡并建议他继续寻找有爱的同学,把这份正能量传递下去。当然,自己帮助他人,也会获得同学或者老师送上的"爱心卡"。

现在,虽然"学雷锋日"已经过去一个月有余,但是孩子们寻找身边"雷锋"的热情却丝毫不减,每天仍有做好事的人被发现,他们也收到了充满正能量的爱心传递卡。据了解,有的孩子将手中的爱心卡传递给了身边的亲人,因为他们将无限的关爱给予了他;有的孩子将爱心卡传递给了公交车司机以及在公交车上主动让座的乘客,因为他们的善意无比温暖;有的孩子将爱心卡传递给了在路上主动捡拾垃圾的行人或者保洁人员,因为他们为居民们带来了整洁的环境……一张小小的爱心卡,所带来的是满满的正能量,它鼓励着孩子们去发现身边的好人好事,也鼓舞着大家去践行雷锋精神,做一个有用的人。

设计意图

古人说:"勿以善小而不为。"小小的善举,带来的是浓浓的暖意。无私奉献、乐于助人,这都是雷锋精神重要的内涵。传递爱心,并不一定要做出怎样巨大的贡献,只要能从身边细节、身边小事做起,并一直坚持下去,同样是真善美的体现。如果用心留意,在我们身边就有很多感人的事情,他们在点滴中奉献着自己的一份爱心,将"爱心卡"所承载的正能量传递到了每一个人身边。

相关链接

《将爱传递下去》剧情简介与海报可扫码下载。

活动二　爱心卡进社区

孩子们渐渐长大,已经是即将迈入中学的大孩子了。在传递爱心卡的过程中,不仅仅发现了身边更多温暖的正能量,也在尽着自己的一份努力,去帮助身边需要帮助的人。但是爱心卡的传递不仅限于此,孩子们还可以带着爱心卡走出校园,传递到社区、街道。

活动年级:六年级

活动地点:学校、社区以及每个爱心卡可以传到的地方

活动准备:在班会上进行动员;邀请家长参与其中;与社区协调;做好宣传工作

为了将我们的爱心卡传递活动延续下去,也为了丰富社区居民的文化生活,在家长委员会成员的帮助下,我们和社区协作,组建"爱心公益书屋"。本着互助、共享、节约、环保的公益精神,开展此次活动。

"捐赠一本书,付出一份爱""传递一份爱心,收获一份快乐"。在社区和家长们的帮助下,前期宣传效果很好,很多居民带来了家里的闲置图书。对于捐赠图书的居民,孩子们都会送出一张爱心卡,居民可以凭借这张爱心卡换取礼物或者服务,礼物是孩子们亲手制作的手工艺品或者绘画作品、书法作品等,可换取的服务有免费修理雨伞、擦洗单元门等等。

在整个过程中,充分利用了社会爱心人士闲置的图书资源。通过闲置书籍这一文化载体,在利用闲置资源的同时,更好地传递爱心。

另外,"爱心书屋"可作为面向社会公众的爱心传播窗口,作为一个有效

培养和锻炼爱心志愿者的实体,便于社会各界爱心人士更好地参与公益,奉献爱心。捐书的过程也培养了孩子们的助人为乐精神。赠人玫瑰,手有余香,传递书本,共享知识。

设计意图

赠人玫瑰,手有余香。涓涓的小爱汇聚成一股暖流,流进每个人的心底,温暖了身边每一个人。孩子们在"传递爱心卡"的行动中,关注社会、服务社会,逐渐形成正确的价值观,立志做一个暖心的"未来公民",同时社会责任感也得到增强。

【活动反思】

孩子来到这个世界,我们希望他们都能够被周围的环境温柔对待,希望他们受到家人的关怀与呵护,希望他们健康、快乐地成长。他们进入学校后,像是又进入了另一个生活环境。他们有了更多和同龄人相处的机会。怎样表达彼此的关心?如何提供有效的帮助?自己能为老师、同学们和班集体做些什么?这些,都是我们作为班主任要悄悄播撒在孩子心田里的美好的种子。

孩子们在集体中生活,努力为身边亲爱的老师和同学们付出着关爱。他们热爱这个集体,愿意为集体贡献力量,乐于帮助集体中的每一个伙伴,也理所应当地认为自己与这个温暖的集体荣辱与共。那么,这就是我们期许的"小主人"的心态了吧。

通过"爱心卡 传起来"活动,孩子们走出教室,走出学校,走进社区和街道,把内心的这份温暖与爱心传播出去,让彼此关爱在社会上蔚然成风。这就是社会责任感和"小公民"的使命担当。

【专家点评】

有一首歌唱得好:"只要人人都献出一点爱,世界将变成美好的人间!"

在这个系列活动中,阳光少年们,从校园到家庭到社区,从观看电影体悟美好的情感到生活中的实际行动,他们在渐渐领悟爱的真谛。他们也在学会用温暖的眼睛去发现美好,用点滴的善意去解锁美好,用细微的行为去

真体验，真发展——班级特色活动设计

创造美好。他们换位思考，学会理解，尝试包容，感受付出善意带来的愉悦与幸福。发现爱、寻求爱、付出爱、收获爱，有爱相随的童年，才是童年该有的模样。

3　大自然　真美好

【活动缘起】

《中小学德育工作指南》强调：要加强节约教育和环境保护教育，开展大气、土地、水、粮食等资源的基本国情教育，帮助学生了解祖国的大好河山和地理地貌，开展节粮、节水、节电教育活动，推动实行垃圾分类，倡导绿色消费，引导学生树立尊重自然、顺应自然、保护自然的发展理念，养成勤俭节约、低碳环保、自觉劳动的生活习惯，形成健康文明的生活方式。

今天，我们的孩子被高楼大厦所环绕，他们一出生，就生活在电视、手机、电脑等所制造出来的"虚拟空间"里，他们甚至没有听到过草地中欢快的虫鸣，没有看到过溪水中噼啪乱跳的鱼虾……当我们的孩子对自然环境一无所知时，又怎会有能力去保护自然和改善环境呢？因此，我们首先要培养孩子对自然的好奇心以及关心动物植物的意识，才能让他们发自内心地热爱自然、热爱生命。

【活动设计】

活动一　我为班级添份绿

家里如果养了很多不同的绿植，客厅会更加美观，空气会更加清新，教室亦是如此。教室是孩子们平时学习的主要场所。如果能在一个绿色温馨的环境下学习，孩子们一定心旷神怡。作为班主任，我希望培养孩子们从小爱绿、护绿、积极生活、热爱班集体等良好品质。

活动年级：一年级

活动地点：教室里、走廊

活动准备：绿植、生物角、卡片等

孩子们上一年级了。以新生培训为契机，我问小朋友们："从今天起，教室就是我们的另一个家，你们打算怎样装扮我们共同的家？"孩子们对这个问题非常感兴趣，有的说要装一个漂亮的窗帘，有的说要在墙上画漂亮的画，有的说要是能像家里一样养点花和金鱼就好了。于是，我就在家长会上，发出了"我为班级添份绿"的倡议，鼓励家长和孩子们一起精心布置生物角，让绿色融进教室，以营造舒心的学习环境。

经过几天的准备，正式开学前，孩子们手捧各种花草走进了教室。窗台放不下了，家长们还特地添购了放置植物的花架。绿萝、多肉植物、长寿花、兰花草……孩子们忙得不亦乐乎。他们用勤劳的双手、细心的布置，将班级生物角装点得生趣盎然，为班级增添了一抹绿色。"我们班的生物角真漂亮，还有小金鱼和斗鱼呢，特别可爱！"教室真正成了孩子们留恋、喜爱的家园。

孩子们还为自己带来的植物精心制作了"名牌"，上面既有习性介绍，还有养护注意事项。中午午读时间，我鼓励孩子们走上讲台介绍自己的植物，分享养护心得，掌声此起彼伏。我们约定要一起照顾好可爱的植物，还要互相提醒，比赛看谁把植物养护得最好。

在接下来的日子里，孩子们每天为自己心爱的植物浇水、晒太阳、记录生长情况、定期交流养护绿植的心得……这成了同学们在学习之余的快乐。

设计意图

生物角的布置，不仅可以给班级增添绿色，还能锻炼低年级小朋友的动手能力和实践能力，增强孩子们的环保意识，让他们感受美化环境的意义，从小养成爱护自然的好习惯，懂得爱绿护绿的重要性。同时，还能培养孩子们热爱生命的良好品质，在潜移默化中帮助孩子养成良好的劳动习惯。

真体验，真发展——班级特色活动设计

活动二　我们一起去植树

随着孩子们渐渐长大，环境保护教育不能仅仅局限于不乱丢垃圾、做好垃圾分类、知道节水节电等内容，还要根据孩子们的年龄特点，鼓励孩子们走进自然，进一步体验怎样爱绿护绿。

活动年级：三年级

活动地点：户外

活动准备：树苗、铁锹、铲子、水桶、植物名牌等

植树节快到了，我问班里的孩子们想怎样度过一个有意义的植树节。有的说可以画手抄报；有的说可以为学校的树木绘制保护卡，呼吁同学们爱护植物；也有的说想去植树，可是不知道哪儿可以植树，也不知道怎么植树。于是，我把孩子们的想法告诉了家委们。一位在街道工作的家长特别热情，告诉我们街道也有意愿组织辖区群众去植树，"我们一起去植树"活动就这样一拍即合。

植树可不是一件简单的事情。活动之前，我利用班会课邀请有经验的家长走进课堂，为孩子们普及植树的相关知识和注意事项。孩子们在聆听之后迫不及待地开展了讨论，一起商量要做哪些准备。有的说要提前了解准备种什么树，了解它的习性；有的建议做一张卡片，上面写上自己的名字、种植日期，还可以给小树取一个好听的名字；也有的说以后要经常来看小树苗，比比我们和小树苗谁长得快。

准备工作就绪，植树活动开始啦！大家跟随着街道工作人员来到种植地点，忙碌了起来。你扶树，我填土，爸爸妈妈与孩子们齐上阵，团结协作，一起种下一棵棵意义非凡的小树。孩子们在爸爸妈妈的陪伴下，有板有眼地挥舞起小锹，分工合作，挖坑、填土、施肥、浇水，父母的眼里满是爱意和期许，有对孩子们成长的欣慰，也饱含着对孩子美好未来的无限憧憬。热闹的亲子劳动场面温馨且快乐。

种完小树后，孩子们为小树苗挂上了写有自己名字的植物认领牌，期盼小树苗们能跟自己一起健康快乐地成长。孩子们还和小树们一起合影，看

着自己种植的树苗,笑得开心而自豪。

亲子植树活动结束后,为了让孩子们多接触大自然,家长们又和孩子们一起开启了挖野菜的亲子时光。孩子们通过对野菜的辨识,学习了知识,亲近了大自然,真正感受到了生活的多姿多彩和大自然的奥妙无穷。

设计意图

安排这次植树活动有两层意义,一方面通过亲身体验劳动培养孩子们爱绿护绿的意识,另一方面让孩子和家长亲近大自然,亲近彼此,在大自然中感受春天的气息,感受生命的美好和亲情的温暖。等孩子们和爸爸妈妈们一起种下的小树苗未来长成一片绿荫,必会为后人遮风挡雨。孩子们通过参加这样有意义的植树节活动,不仅增进了彼此间的伙伴情谊,也和谐了亲子关系。

活动三　动物园爱心认养

新冠疫情发生以来,很多动物园面临着资金周转的困境,游客变得稀少,动物们经常吃不饱。如何关爱呵护这些困境中的小动物呢?这是本次活动聚焦的问题。

活动年级:七年级

活动地点:动物园

活动准备:咨询动物认养手续等

后疫情时代,很多动物园依然深受影响,有的动物园面临关闭的新闻一出,引来无数网友关注。动物园是几代人儿童时期的宝贵回忆。因而很多网友提出要出资认领小动物,让它们吃得饱、住得好。一时间,动物园从冷冷清清变得门庭若市。

我们班有家长在班级群里提议,一起来认养小动物,得到很多家长的支持。于是,家委会迅速行动起来,有的负责联系认养事宜,有的负责组织车辆,有的负责统计参与家庭数。就"认养什么动物",孩子们展开讨论,并商定:认养以后要分组、定期去看望它们并用图片和视频来记录动物们的成长。

经过前期多次的咨询与联系,我们选了一个阳光明媚的周末,七(10)班的学生、老师以及家长代表们驱车来到动物园,大家用班级爱心义卖的基金认养了一只小熊猫。在签订认养协议、交纳认养费用后,大家入园看望了自己认养的软萌娇憨的小熊猫。孩子们和它说话,与它合影留念。从此,"小熊猫"成为七(10)班这个温暖大家庭中的一员了。

设计意图

地球上的每一个动物都与人类是命运共同体。认养小动物的行动,体现了学生对动物的爱与关怀。在认养小动物的过程中,不仅增强班级的凝聚力,也让孩子和家长对于生命有了更深的认识。让"爱""美""生命"的小小种子在孩子和家长的心田中生根、萌芽。保护环境、关爱动物,不需要做多么伟大的事情,只需要用自己的行动共同去践行。

【活动反思】

《林间最后的小孩》这本书告诉我们,人与自然的危机已经到了非常危险的地步,而新文明的曙光和坐标也已清晰可见。作为新时代的自然之友、自然之子,理想的状态是生存在大自然和互联网之中,成为一个保持自然属性的地球村村民。因此,培养孩子对大自然的热爱要从娃娃抓起,要从家庭走向学校,从学校走向校外,走向大自然。

我们要激发孩子对自然的兴趣,带着他们种植绿色植物,了解动植物的习性,让孩子们意识到动植物是人类的好朋友,从而埋下"爱"的种子。我们还要培养他们爱护动植物的意识,通过养护、种植、认养等行动激发他们对大自然的保护欲,从而唤醒他们内心深处对生命的敬重。

【专家点评】

2018年7月,教育部发出的《创建中国绿色学校倡议书》指出:"强化生态文明教育,将绿色、循环低碳理念融入教育全过程,鼓励学校开发生态文明相关课程,加强相关国情与世情教育,普及生态文明法律法规和科学知识,鼓励学生开展针对性、研究性学习。把生态文明教育融入育人全过程,是教育服务中华民族伟大复兴的重要使命。"

班主任老师带着孩子们从教室里的护绿做起,到自然界的植绿,到动物园的爱心领养,活动从教室走向更广阔的空间,从单纯的热爱生命的教育走向更深刻的生态文明的教育,即"人和自然和谐共处"。

有个小建议,教室的爱绿护绿活动,可以与一些项目式的学习结合起来,比如在分工护绿的基础上,根据兴趣,将孩子们分成若干小组,有的小组来研究植物的习性,有的小组来研究与植物相关的诗词,有的小组可以用绘画、摄影的技能来感受与表现生命的美好等。如此,爱绿护绿的行动内涵会更加丰富、深刻。

4　小公益　大本领

【活动缘起】

善良是人生的底色。教育中如果没有善良的基石,就无从谈如何培养真正的人,以及如何培养合格的小公民。善的教育,不能停留于平时的说教,更不能停留于儿童文学作品的熏陶感染,而是要付诸行动实践。苏霍姆林斯基说:"经验证明,善良之情应当在童年扎下根来,而人性、仁慈、抚爱、同情心则在劳动中、在爱护和关怀周围世界的美中产生。"关于公益的、善的教育,不就是在孩童的心里埋下的一粒粒美好的种子吗?我们要做的,就是带领他们在一个个小公益、微公益活动中得到锻炼、掌握本领,把公益的种子播种在他们的心田。

【活动设计】

活动一　共护母亲河

活动年级:三年级

活动地点:长江湿地保护公园(滨江风光带)

真体验,真发展——班级特色活动设计

活动准备:雨靴以及防滑手套、夹子、塑料袋等工具

我们的母亲河——长江,中华民族的摇篮,千百年哺育着悠久的华夏文明。然而,随着社会的高速发展,她正遭受着伤害。潮水退去,总能看到长江边上残留着塑料瓶、包装袋等垃圾。为此,我们决定开展"共护母亲河"行动,给大地妈妈洗洗脸。

11月2日下午,三(3)班全体少先队员及家长代表带着夹子、塑料袋等工具来到江边,有组织、有分工地对塑料瓶、烟头、包装袋等垃圾展开清理工作。在此过程中,孩子们细致认真,不放过江畔的每一个小小垃圾。

在现场清理垃圾的同时,我还给孩子们简单介绍了垃圾分类的基本知识,如塑料瓶应该放进哪个颜色的垃圾箱,废电池是否可以放到其他垃圾的分类箱里,孩子们听得饶有兴趣,争着回答问题。清捡工作完成后,我们在美丽的长江边一起放飞风筝、放飞心情。

活动结束返程时,晨晨说:"长江母亲那么美,真希望所有人都能爱护她,保护她,让她永葆年轻。"大家纷纷赞成晨晨的观点,都表示自己以后一定会爱护环境,保护母亲河,还要参与家里的垃圾分类工作,从点滴小事做起。小轩说:"以前每次和爸爸妈妈到江边散步都没有觉得长江这么美,今天我觉得长江真是太美了,以后我一定会好好爱护环境,保护地球妈妈。"我对他们竖起了大拇指:"你们能通过自己的劳动保护环境,虽然行动微小,但意义重大,今天是你们为保护环境迈出的小小一步,希望你们以后能够不断坚持。"

设计意图

"共护母亲河"活动,旨在让孩子们进一步了解保护环境的重要性,进而引导孩子们主动关注社会、关心自然,懂得保护环境人人有责,同时也让孩子们了解垃圾分类,争做具有良好社会公德的小公民。

活动二 "书"送爱心 点燃希望

活动年级:各年段适合

活动地点:充满爱的教室

活动准备：一封封给山区孩子的信、一本本准备捐献的自己珍爱的书，加上颗颗真心片片真情

书香校园系列读书活动，学校每一年都开展。"晒书会"作为其中的特色活动之一，深受孩子们的喜爱。每一年的晒书会，孩子们都会带来自己珍爱的书籍，与同学们进行互换。今年，为了进一步激发少先队员关心社会、互帮互助的正能量，从小公益中积极践行社会主义核心价值观，争做学会交往、志愿服务的好队员，晒书会改为了"'书'送爱心　点燃希望"的爱心捐书活动。

一、手写信件——一字一句皆暖心

活动开始之前，我给孩子们观看了一些偏远地区小朋友在简陋的条件下学习的图片，孩子们深深地感受到了偏远地区小朋友学习的来之不易与刻苦坚守。在这股温情的感召下，孩子们自发地进行小组合作，或是精心绘制一幅幅画，或是用心书写一封封信，将它们夹在自己准备捐赠的书中，稚嫩的文字传递着真挚的爱心，生动的图画架起沟通交流的桥梁。

二、整理书籍——一举一动皆有情

大家都行动起来了，孩子们将自己带来的书本和手写的信件整理在一起，一本本书、一封封信，慢慢地堆积，积少成多、聚沙成塔。在这间充满爱的教室里，摆放得整整齐齐的书、信、画，承载的是满满的爱心和希望。

三、整装待发——千山万水传递爱

一千多本书携带着每一个孩子的祝福，整装待发。阳光洒在一个个打包的箱子上，带着无限的柔情，像是在默默赞许孩子们的行动，也像是在坚定守护着孩子们的纯真爱心。

设计意图

多么别样的捐书会，多么珍贵的回忆。看似一场微不足道的捐书活动，却蕴含着深刻的意义。孩子们在献爱心的同时，更是在学着如何做一个有爱心的筑梦人，做一个有使命感的小公民。

书籍有价，知识无价，愿一本本书能够为偏远地区的孩子们插上梦想的翅膀，照亮他们的未来之路。

相关链接

活动情况请扫码了解：

活动三 红领巾微公益义卖

活动年级：六年级

活动地点：市民广场

活动准备：亲手制作的手工作品

"来瞧一瞧我的纯手工贝壳贴画咯,货真价实,买到赚到!""这边看一看,创意布贴画,小朋友喜不喜欢?"劳动节前夕,市民广场热闹非凡,叫卖声此起彼伏,引得路人纷纷驻足围观。原来是我们六(1)中队的红领巾志愿者们正在义卖啊。他们利用课余时间精心制作了一件件手工作品,蛋壳贴画、废旧材料做的神舟号飞船、用纸盒装饰的复兴号、用报纸和光盘制作而成的公主裙、油画作品、书法对联⋯⋯虽然小志愿者们都是首次开展慈善义卖,但分工明确,创意满满,从策划到组织,小组分工、制作海报、铺设摊位⋯⋯一个个忙得不亦乐乎。活动之初,我还在暗暗担心孩子们义卖的时候会害羞、怕丢脸、张不开嘴,但孩子们的表现真是太令人惊喜了。

在近两小时的义卖活动中,孩子们将自己手中的一件件手工作品换成了一笔笔善款。结束义卖早的同学还帮助周围同学一同义卖,他们不断地向来来往往的居民推荐"商品",现场十分火爆。很多路过的居民表示:"孩子们能够通过自己的双手创造价值,帮助贫困地区的同龄小朋友,应该给他们支持。希望自己的孩子以后也能够参加这样的活动,从小学会献爱心。"

最终,在大家的共同努力下,孩子们将手工作品义卖一空。班长仔细数了几遍卖的钱,竟然将近 600 元。我和孩子们一起欢呼,原来,用自己的劳动换取价值是这样的快乐。"授人玫瑰,手有余香"。虽然汗水浸湿了衣背,嗓子也喊哑了,但将自己亲手筹来的善款捐献出去,孩子们别提有多高兴了,一个个都笑成了一朵花。

设计意图

一片爱心,如一丝暖意,让人人心中都春光明媚。"红领巾微公益义卖"活动,让少先儿童从小事做起,常怀爱心,多做善事好事。同时,动手完成一件手工作品也能够培养孩子的动手能力,在劳动节来临之际让孩子体会到劳动与收获的快乐。

【活动反思】

夏丏尊说:"爱对于教育,犹如水之于池塘,没有水,便不能成为池塘;没有爱,便不能称其为教育。"

作为班主任,引导着孩子们在公益活动中学会爱人助人,这是我们的责任。孩子们所做的公益活动或许微不足道,所献的爱心或许微小,但从这样的一点一滴中汲取的情感养分是何等的珍贵。

更重要的是,孩子们会从一系列活动中学会向上向善生长,逐步坚定理想信念,志存高远,脚踏实地,勇做时代的弄潮儿,为实现自己的梦想不懈奋斗,在奋斗的道路上不断书写自己的人生华章。

【专家点评】

中华民族拥有五千年的悠久文明和灿烂文化,从"乐善好施"的千年古训到"助人为乐"的雷锋精神,都传递出一种奉献、互助的人性光辉与社会精神。

阳光学子们,走出校园,把自己的小小善意、小小关怀带给世界,把自己的小小热量传递出去,把自己的小小光芒散播出去,爱心与文明就这样在小小的举动中,传播、升腾。小公益,大本领;小公益,大担当。

时代需要这样的公益服务精神,也需要更多的能够参与社会公益服务的人。

二　家国情怀　不忘初心

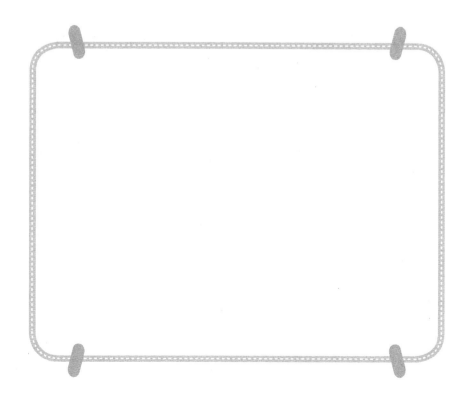

真体验,真发展——班级特色活动设计

1 "别样"纪念日 浓浓家国情

【活动缘起】

雨果说:"开展纪念活动,如同点燃一支火炬。"这支火炬点燃了什么?

"少年强则国强",这是真理的探索,这是不朽的事实。青少年阶段是人生的"拔节孕穗期",担负着祖国繁荣复兴的伟大责任,最需要精心引导和栽培。

"修身、齐家、治国、平天下",在家国情怀的培养中,在潜移默化的熏陶中,增强学生的国家认同,陶冶学生道德情操,厚植少年儿童家国情怀,着力培养心有梦想、学有榜样、志存高远的新时代强国好少年,传承家国情怀。

对孩子而言,什么是纪念日,什么是家国情怀,孩子懵懵懂懂。教师通过多样的活动激发学生的家国情怀,培养学生爱党爱国的初心。也许,这些小小活动产生的影响就在小朋友幼小的心灵中生根发芽,梦想在此扬帆远航。

【活动设计】

活动一 雷锋,是我们的榜样

活动年级:四年级

活动地点:街道、站台等

活动准备:水桶、抹布等劳动工具

阳春三月,草长莺飞。这是一个春风和煦的季节,这是一个感恩奉献的季节。三月的校园虽然还有丝丝寒意,但我们"学习雷锋"的热情却如春风拂面。

一大早,学雷锋小队的成员们身穿红色的志愿者小马甲,带着准备好的劳动工具走上街头。孩子们个个撸起袖子,有模有样地干起来。第一小队负责摆放共享单车,第二小队组织捡拾垃圾杂物,第三小队正商议着公交站牌如何能够擦得又快又干净。在孩子热火朝天的忙碌中,雷锋精神在这个春意盎然的三月散落芬芳。

本次活动结束后,我们还开展了一次主题班会进行回顾、分享。小强激动地说:"以后,我要从身边的小事做起,爱护公物,不乱涂乱画,和不文明行为说再见,担当起一个优秀小公民的职责和使命。"班会课尾声,全班同学在班长的带领下,一起举起右拳宣誓。从孩子们闪动的明眸中,能感受到孩子们自觉践行雷锋精神的决心。

设计意图

雷锋精神代代传。雷锋精神是一面永不褪色的旗帜、一盏永放光芒的航标灯,是我们宝贵的精神财富。学习雷锋精神,引导学生从小向上、向善生长,从点滴小事做起,学雷锋,树新风,把无私奉献的家国情怀当成一种责任,把力所能及、助人为乐当成一种习惯。学生们在雷锋精神的指引下,从小学先锋,长大做先锋,努力成长为新时代的好少年。

活动二 花样劳动,志愿精神我传承

活动年级:三、四、五、六年级

活动地点:社区等

活动准备:体验在家做菜;提前联系社区敬老院,并准备好给老人的贴心书法、绘画作品等

五月初,我正计划着整个五月如何开展劳动志愿服务时,宇轩同学欣喜地告诉我:"老师,周末我去奶奶家玩,学做了一道西红柿炒鸡蛋,奶奶可喜欢吃了!"对!为长辈做一次饭。随即我的脑子里就有了构想。在下午的班会课上,我对全体同学发出倡议:动手制作一道自己最喜欢吃的菜、父母最喜欢吃的菜,清洗一次自己的大件衣物,认真叠一次被子或打扫一次卧室卫

生。对本次劳动实践,孩子们积极响应,还集体商议了一个好听的名字——"劳动我最勤"。

接下来的一周里,孩子们主动实践、坚持打卡、积极分享。微信朋友圈、班级QQ群里的照片和小视频应接不暇,整个班级群里洋溢着温馨幸福的气氛。还记得活动接近尾声的那一周,群里小周的爷爷激动地打上了这样一行字:"我家的小孙子真是越来越懂事了,感谢老师!"

我继续思考,如何把这样的活动做得更有深度、更动人。于是,在五月的末尾我策划了一次"关爱老人,传承志愿精神"的敬老院慰问活动。让我惊喜的是,因为有了在五月上中旬"劳动我最勤"活动中的锻炼,孩子们的劳动技能更娴熟。他们有的擦窗户、有的忙扫地,有模有样的小家伙们受到了老人们的一致好评。活动尾声,孩子们与老人们合影,大家的脸上洋溢着幸福的笑容,温馨的画面令人感动。孩子们还为老人们送去了他们画的《荷花图》《清凉一夏图》,以及蕴含美好寓意的书法作品等,受到爷爷奶奶们的交口称赞。而在这场充满爱的活动中,我觉得更珍贵的是孩子的成长。

设计意图

劳动点亮美好生活,教育成就美好人生。身为班主任,有义务、有责任关注学生的劳动教育,使他们懂得劳动光荣、懒惰可耻的道理,帮助他们树立正确的劳动观念和态度,引导他们从小就积极参加力所能及的家务劳动,并参与适宜的公益志愿劳动,在成长的路上多一些磨炼。这样,他们才能成为德智体全面发展的栋梁之材,并传承志愿精神。

相关链接

活动情况可扫码了解。

活动三　勿忘国耻,圆梦中华

活动年级:五、六年级

二 家国情怀 不忘初心

活动地点:侵华日军南京大屠杀遇难同胞纪念馆

活动准备:手工白菊花等

12月13日的南京,阴,教室里,学生肃穆坐立。

今天,全班同学将前往侵华日军南京大屠杀遇难同胞纪念馆进行参观凭吊。首先,同学们在教室里,观看制作手工白菊花的视频,学习制作方法,小组合作,一起制作白菊花。制作完成后,同学们集中前往南京大屠杀遇难同胞纪念馆,向南京大屠杀死难者和所有在日本帝国主义侵华战争期间惨遭杀戮的死难同胞致哀。

仪式伊始,学生默然肃立,奏唱《中华人民共和国国歌》。国歌唱毕,全体学生向南京大屠杀死难者默哀并敬献花圈表示对遇难同胞的缅怀。随后,同学们认真聆听了以"牢记历史、珍爱和平、勿忘国耻、圆梦中华"为主题的宣讲。

仪式结束后,同学们前往侵华日军南京大屠杀遇难同胞纪念馆。在史实馆内,孩子们进一步了解了南京大屠杀的史实。枪林弹雨中受损的城墙,人们挣扎着的双手和满是痛苦的表情,难以置信的文字,惨不忍睹的画面,每一张、每一段都再现了当时日军对中国人民的疯狂杀戮,真是触目惊心。

回到班级,孩子们默默不语。活动结束后,学生将自己的感受用文字、图片的形式记录了下来,这次参观活动一定会让他们印象深刻。

设计意图

历史的苦难不能忘记,前进的脚步永不停息。在祖国日益强大的今天,我们更应该铭记历史,缅怀先烈。本次主题活动旨在引导青少年学生在缅怀先辈的情怀中认识传统、崇尚传统、发扬传统,牢记历史,牢记使命,从小热爱党、热爱祖国、热爱家乡,感恩英雄、崇尚英雄、缅怀英雄,充分激发少年儿童的爱国热情。从立志成才、报效祖国做起,在平凡小事、点滴细节上培养高尚道德情操,厚植爱国情感。

【活动反思】

通过开展学雷锋系列活动,孩子们纷纷用实际行动争做当代小雷锋,身体力行,从小事做起,将雷锋精神潜移默化于日常生活中,主动奉献、乐于助人的种子在每一个人的心底生根发芽。

南京大屠杀的屈辱历史,激励着一代又一代的青少年积极进取,牢记历史,勿忘国耻,奋发图强;孩子们了解了南京大屠杀死难者国家公祭日的历史背景及意义,认识到铭记历史的重要性以及如何勿忘国耻,展望未来。通过多种方式进行爱国主义教育,并将其渗透在教育教学的全过程中,激发学生爱国情感,厚植家国情怀,实现学生的全面发展和健康成长。

相信通过"别样'纪念日' 浓浓家国情"系列活动,能够更好地帮助学生了解祖国的过去,认识祖国的现在,展望祖国的未来,将强烈的民族自豪感和自信心内化于心,外化于行,激励他们从小热爱祖国、长大报效祖国的家国情怀。

【专家点评】

习近平总书记说过,爱国,是人世间最深层、最持久的情感,是一个人立德之源、立功之本。

《中小学德育工作指南》指出,要在中小学生中开展节日纪念日活动,发挥其思想政治引领和道德价值引领作用,创新方式方法,与学校特色和学生个性展示相结合。

国家纪念日是有着重要内涵和深层意义的日子,其承载的深沉的家国情怀,是民族发展的历史积淀,具有很强的思想性和教育性,不仅是中小学生思想、政治、道德教育的重要契机,也是中小学生思想、政治、道德教育的精神富矿。国家纪念日及其庆典活动承载着丰厚的价值内涵,体现着一个社会崇尚什么,反对什么,对提升中小学生思想道德教育工作实效具有重要作用。

广大班主任教师要充分认识并重视国家纪念日的教育价值,加强宣传与引导,开展符合学生年段特点的活动,引领学生来体验、感悟并自觉传承纪念日背后的文化意蕴与民族精神。

系列纪念日活动,按照时间推进,在校园、街道、家庭中延展开,并以学生可以接受与理解的生动方式进行,充分体现了文化育人、活动育人、实践育人、协同育人的育人理念与追求。

2 "百家讲坛"社区行

【活动缘起】

习近平总书记说:"历史是最好的教科书。学习党史、国史,是坚持和发展中国特色社会主义、把党和国家各项事业继续推向前进的必修课。"

学校,是对孩子进行党史学习教育的重要根据地,让学生学有所得,学有所获,则需要更为丰富的媒介体验。社区,作为"学校—家庭—社会"三位一体的教育体系之一,不仅能有效检验孩子的学习成果,更能为丰富孩子的学习生活提供多角度深层次的体验活动,拓宽知识面,丰富个人素养,提升交流沟通能力。

将课堂所学有机融入丰富有趣的实践活动中,不仅使课堂所学更有意义,更能让孩子在交际展示的活动中锻炼自信自强的品质,让孩子对学习更有兴趣,也让孩子的生活更富乐趣。将大而深的党史学习教育有机结合在小而实的社区实践中,是培育爱国新苗,发扬红色传统的有力举措。

【活动设计】

活动一 听中学,我实践,我感悟

活动年级:五、六年级

活动地点:社区

活动准备:祭扫剪影,一位学生代表分享参与感悟,《百颗童心学先锋》

真体验，真发展——班级特色活动设计

视频

  2021年4月3日，为缅怀为民族解放事业英勇献身的伟大英烈们，学校党员、团员教师代表和100名优秀学生代表来到雨花台烈士陵园，参加2021年江苏省暨南京市青少年代表凭吊革命先烈活动，我们班级有6名同学参与本次凭吊仪式。在学校的组织下，这6名同学每天利用课余时间参加集体培训，从站姿、齐步走的基本姿势到红领巾佩戴、表情管理、《中国少年先锋队队歌》的演唱细节，进行了一一训练。孩子们深知这次机会的来之不易，也明白这次凭吊活动的意义之重大，练习十分认真。经过近两周的训练，孩子们越来越熟练，步伐整齐、站姿笔挺、节奏精准，细节把握十分到位。4月3日的凭吊活动完成得十分顺利。非常有纪念意义的是我们班的小萱同学还受到了中央电视台的采访，这对她、对学校都是一份难得的历练或荣誉。

  回到学校后，虽然劳累，但在我的鼓励下他们认真撰写了参与本次活动的心得，也积极向同学进行了分享。利用这个契机，我带领小萱加入了社区的红色宣讲团，参与了"百家讲坛"社区行的英烈寻访活动，这一次的讲坛活动由她来讲解。我为她找来了本次凭吊活动的现场剪影、她接受央视记者采访的片段、学校百名学生代表的感悟视频。小萱在妈妈的帮助下，制作了主题活动的分享PPT，我帮她修改了自己的感悟分享。活动当天，听说是五年级的小学生来做讲解，社区活动中心来了不少人，我给小萱加油打气："别紧张，按照自己的思路来，把参与活动的真情实感表达出来就可以，你能行，加油！"刚开始时，小萱有些紧张。可慢慢地，当讲到凭吊活动当天解放军战士手抬花篮、神情凝重、步伐坚定地走向烈士纪念碑时，她仿佛重新融入了那个庄严肃穆的场景，神情坚定，语言里饱含对先烈的深刻缅怀，在场的社区居民由衷地鼓起掌来。

  活动意图

  活动蕴含着巨大的育人力量。凭吊雨花台革命烈士的活动是一个难得的革命传统教育契机。活动中充满仪式感的环节，令学生对于革命精神的感悟真实而有力。庄严肃穆的活动结束后，让孩子从撰写心得到分享感悟，

二　家国情怀　不忘初心

不仅深化了他们的理解、感悟,也培养其自信的表达。而小萱作为百名学生代表,走进社区,参加宣讲,表达自己继承革命传统、沿着先辈的光辉足迹接力前行的梦想,更为其成长注入巨大动力。

相关链接

活动情况可扫码了解。

活动二　学中做,红色文化我分享

活动年级:五、六年级

活动地点:社区

活动准备:卡纸、彩笔、《烙印——南京红色文化故事(青少版)》(图书)、红色诗词集锦

2021年,学校将"六一"儿童节和庆祝建党百年有机融合,除了开展有趣的班级游园庆祝活动,各班级还进行了党史教育"四个一"活动,即围绕"一场党史知识竞赛""合唱一首红歌""讲述一个红色故事""绘制一幅红色作品"展开,让孩子们沉浸在节日的喜庆中,激发对党和祖国的热爱之情。为了将党史教育与家庭教育有机融合,拓宽教育渠道,我向所在年级发出倡议,号召孩子们共读一本书,礼赞少年新篇章,围绕"红色书签,汇好词好句"的主题,向年级征集制作百张精美红色书签,交由社区展览。活动受到了学生的积极欢迎。孩子们利用课余时间,精心挑选共读书目和红色诗词集锦上的好词好句,加入党徽、长城、五星红旗等元素,再废物利用,制作精美的穗子,一张张形式新颖、各具特色的红色书签制作完成。

在师生、家长组成的评委团评选下,100张精美书签脱颖而出。我联系了社区负责人,在负责人的安排下,决定在周末组织一个小型展览,展示学生们自己做的精致书签。我突发奇想,组织了班级十位学生代表对书签内

真体验，真发展——班级特色活动设计

容进行归类，了解内容背后的历史背景，准备党史教育的问答小知识，向当天来看展览的居民进行书签内容的介绍并做好互动。展览当天，不少社区居民来到现场，听着孩子们详略得当的介绍，不少人还拍了照片作纪念。对当天互动比较积极的居民，我们当场赠送了精致的书签。活动受到了社区居民的一致欢迎。

设计意图

汇集红色诗句，制作精美书签，这项活动对充满创造力的孩子来说并不困难，孩子也很喜欢这种动手操作的活动。在社区举办一场红色书签展览会，是我和社区负责人沟通联系后做出的决定。为了增加活动的互动性，进一步加深孩子们对党史知识的理解，又增加了了解诗词背后的历史背景以及党史知识问答的活动，使孩子们在展览中更有兴趣，让社区居民也更有乐趣。这样的活动不仅仅培养了孩子们的动手能力，还锻炼了其搜集、整理、归纳信息以及沟通、展示的能力。

活动三　做中演，红色经典我传颂

活动年级：五、六年级

活动地点：学校、家里、社区

活动准备：学生参演红色主题节目排练，服装道具

结合学校的党建课题，作为课题中心组成员之一，在党史教育氛围日渐浓烈、学生的党史知识日渐丰富的基础上，我在班级里策划开展了主题为"寻百年足迹圆梦新时代，红色经典我传颂"的红色舞台展演活动。通过前期的调查与号召，班级里共有五个节目策划较好。从歌曲演唱《革命人永远是年轻》、钢琴独奏《十送红军》，到历史剧表演《建党伟业》、云游"南京博物院"、诗歌朗诵《五星红旗》，孩子们各司其职，努力演好自己的节目。在老师、家长的帮助下，孩子们的排练越来越熟练。利用期末考试结束后的时间，我带着孩子们在班级里进行了一次彩排，对节目的细节进行了完善和优化。

与社区负责人确定好时间后，在家长志愿者的帮助下，我带着小演员

们来到了社区活动中心。有了前两次活动的铺垫，不少小演员对表演场地越来越熟悉，也不再那么紧张无措，而是互相鼓励打气，想要将最好的一面展示出来。在家长和社区居民的阵阵掌声中，红色舞台展演顺利开展，活动高潮处，现场有一位老人家还一起参与了《五星红旗》的朗诵。社区负责人对这几次的"百家讲坛"社区行活动做出了肯定，并希望后续能够继续携手，形成合力促进育人活动的全方位高效开展，丰富社区居民生活。

设计意图

"红色经典我传颂"活动的开展，是党史教育又一次有力的尝试。通过学生表演进社区的方式，引导孩子们读懂历史、知史爱国、感悟党的初心使命。这样的活动不再是理论的书本化学习，而是孩子们通过理解后进行的创意表达。不仅培养了孩子的表达沟通能力，还在节目的排练中，促进了家校的联结，增进了家长与孩子的亲子关系。另外，在与社区的互动中，也呈现了学校良好育人的新举措、新形象，一举三得。

相关链接

活动情况可扫码了解。

【活动反思】

百年征程波澜壮阔，百年初心历久弥坚。在班级里结合学校的常规安排对学生进行党史学习教育是开展爱国主题教育的重要方式之一。而结合所学内容，理论联系实际，走进家庭与社区，可进一步拓宽党史教育的渠道，是传承红色基因、弘扬红色文化的有利举措。这不仅仅培养了孩子们从小学先锋，长大做先锋的家国情怀，更是对孩子德、智、体、美、劳全方面能力的培养、积极向上人格的塑造。

我将努力创新学习模式，以班级为抓手，推进红色教育深入社区，进一步弘扬传统文化，加强爱党爱国教育，努力践行社会主义核心价值观，充分激发孩子们的爱国热情,传承红色基因,实现党建与育人的双丰收。用红色经典滋养学生的生命,用社区讲坛构筑展示的桥梁,用活动凝聚集体的力量,从而构建有温度的班集体,真正实现在集体中育人,让集体中的每一个人,都收获幸福与成长。

【专家点评】

《中小学德育工作指南》要求各中小学要加强理想信念教育,引导学生深入了解中国革命史、中国共产党史、改革开放史和社会主义发展史,继承革命传统,传承红色基因,深刻领会实现中华民族伟大复兴是中华民族近代以来最伟大的梦想,培养学生对党的政治认同、情感认同、价值认同,不断树立为共产主义远大理想和中国特色社会主义共同理想而奋斗的信念和信心。

班主任将深刻的理想信念教育自然融入学生的听、演、做的社区活动中,家、校、社区三方联动打通,凭吊先烈、分享宣讲、知识竞赛、演唱红歌、阅读好书、制作书签、戏剧表演等,活动内容丰富多样,活动形式生动活泼,学生既能入眼、入脑,又能入心。

3 我家住在长江北

【活动缘起】

这是一座美丽如画的校园,她座落在南京江北新区龙王山脚下,校园里有许多动人的故事,娓娓叙述了师生们深挚的爱国之情。习近平总书记指出:"要把加强青少年的爱国主义教育摆在更加突出的位置,把爱我中华的种子埋入每个孩子的心灵深处。"对于孩子而言,没有什么比活动更能让其沉浸其中,并潜移默化地获得熏染陶冶。

身在江北新区的班主任要善于发掘、整合周边的爱国教育资源,利用活动契机,加强爱国主义教育,激发青少年对祖国与民族更深刻的了解和

二 家国情怀 不忘初心

热爱,培养他们积极向上、勇于开拓的精神,并立足长远,厚植爱国主义情怀。

【活动设计】

活动一 江北名人照耀我们前行

江北,有着深厚的历史文化底蕴,这里人才辈出,有诗、书、画三绝的艺坛大家林散之,有中国工人运动的先驱、优秀共产党员王荷波,有中国重化学工业的奠基人、被称为"中国民族化学工业之父"的范旭东,有气象学家薛伟民……江北孕育了我们的根,名人的光辉照耀着我们前行。作为班主任,可以引领孩子们参加寻访活动,走近伟人,学习精神,传承他们的爱国情怀。

活动年级:三年级

活动地点:王荷波纪念馆

活动准备:《王荷波同志传略》、横幅、队旗、统一的服装等

接手这个班级快半年了,通过日常的朝夕相处,我越发觉得这是一群可爱上进的孩子们。在学校、班级组织的"改革开放四十周年"等爱国系列活动中,孩子们心中慢慢有了"国"的概念,逐渐成为真正的小小爱国者。寒假即将来临,学校组织各班在寒假开展"红领巾假日小队"活动。我开始思考,如何让孩子们在活动中厚植爱国情怀,延续、传承红色精神。

我在班级群向家长们说明此次活动的想法。家长们特别支持,纷纷报名参加。于是,我将他们召集起来,进行活动准备的分工。他们有的制定方案,有的制作队旗、帽子、横幅,有的准备相机、医药箱……

出发的那一天早晨,我记得还下着小雪,周围被一片白茫茫所覆盖。南京信息工程大学地铁站早早地就集结着一支逐梦小队,准备前往王荷波纪念馆。

走进王荷波纪念馆,队员们在讲解员的带领下,参观了展馆里的照片、

实物。他们被王荷波为共产主义事业奋斗的革命生涯和清正廉洁的优秀品质深深感动。微电影《王荷波的故事》，更让队员们穿越时空与王荷波对话，领略了一名优秀共产党员的风彩。

活动中，我们翻开《王荷波同志传略》，家长和孩子一起朗读书中的文字片断。书中写到："他白天干活，晚上组织工人活动，经常到深夜，拖着疲惫的身子回家，还坚持读书看报。因为他知道，要为工人阶级的事业奋斗，首先必须提高自己。""他办事，公私分明，账目清楚；从不乱花大伙的一分钱，深得群众的信赖！当他四十岁生日时，工人们自发地送给他一块大红匾，上有'品重柱石'四个金色的大字。"读着读着，我们眼眶红了，心中升腾起无限的崇敬。

寻访结束后，队员们纷纷交流自己的体会。

慧妍：中国有这样一位为中国工人发起运动的王荷波，真是有幸啊！我很佩服他。

国翔：国家兴亡，匹夫有责。中国的繁荣需要我们每一个人。

馨蕊：听爸爸说，我们江北新区还有很多参加抗美援朝的老兵们，他们也是国家的英雄，如果可以听一听他们的故事，可以帮助我们更好地了解这段历史。请祖国放心，建设有我！

走近新区名人，特别是革命者，用心灵点亮更多的心灵，用革命激情点燃更多的爱情热情……我们将继续在路上。

设计意图

王荷波纪念馆作为红色教育基地，是南京市各中小学开展"红领巾假日小队"活动的教育基地。通过学习走访，孩子们了解到王荷波在十一年革命生涯中的曲折与艰辛。队员一下子就觉得这位让人敬佩的革命者离他们这么近，学习的榜样立刻变得更加真实，他的英雄精神、高尚气节更易让学生感动并自觉传承。

活动二　实践新拓展，追梦新时代

十岁，是人生新的起点，是人生的第一个里程碑。少年强，则国强。班主任如何让孩子在集体中激发并培育孩子们的爱国热情呢？与拓展基地携手开展国防训练,是一个不错的想法。

活动年级:四年级

活动地点:南京百团训练基地

活动准备:迷彩服装、音乐、拱门、生日蛋糕

2020年4月20日,我们前往拓展基地,为孩子们举办十岁成长仪式。

"向着敌人的炮火,前进,前进,前进进。"在毛毛细雨中,在嘹亮的国歌声中,孩子们变成一个个小小兵开始国防训练啦!

蔚蓝的天空和整齐划一的迷彩蓝,是每一个孩子心中的美丽图画。

"向右看齐",伴随着教官一声声的口号,小小战士们昂首挺胸,激情蓬发。在教官的指导下,向左转、向右转、齐步走、正步走……孩子们都学得有模有样。

整齐划一的步伐,响彻云霄的呐喊,坚定执着的眼神,传递着他们心中对祖国的热爱以及为之而奋斗的决心。

成长意味着责任,孩子们挥洒汗水,用这种充满力量和深情的方式来完成自己的十岁成长礼。看看这群十岁的少年们,他们团结一心,热情似火,从左往右,一起画圈;他们彼此信任,团结协作,突破自我……展现出新时代少年的精气神。

仪式中,我们特别设置了这样的环节:孩子们一起坐在大厅中,回顾自己十年成长的点点滴滴,如父母的谆谆教诲,爷爷奶奶的细心照顾……他们拿起手中的笔,写下对长辈的感恩之情,不禁潸然泪下。

在人生的第一个十年,小小战士们,体会到了军人的辛苦,坚定了要向军人学习的决心,并立下了"为祖国的明天而奋斗"的志向。

设计意图

少年强,则国强。从小培养孩子的爱国主义情怀是必要的,也是新时代爱国主义教育的重要内容。班主任要关注活动的仪式感,通过一些庄重严肃的形式激发学生爱国主义情感,帮助他们树立从小立志学军、长大报效祖国的志向,同时打好基础,加强身体锻炼,塑造健康体魄。

相关链接

活动情况可扫码了解。

活动三 公交车上看江北

在现代学校制度体系下,构建学校、家庭与社会"三位一体"的教育体系,是学校变革的重要方面。班主任如何带领孩子走进社会,培养爱国情怀呢?接下来,我们就坐上公交车,看一看家乡——南京江北新区的发展。

活动年级:五年级

活动地点:公交车上,江北新地标长江之舟、新图书馆、市民中心等地

活动准备:安全教育,家长协同

2021年5月15日,孩子们五年级了。活动通知发出后,报名的家长与孩子们约定好,统一坐上公交车,共同见证家乡江北的发展、见证祖国的繁荣。

一路上,孩子透过公交车的窗户,看着江北宽宽的大马路、快速通道、高楼大厦……感慨生活的便捷、城市的繁华和祖国的昌盛。

家长们在公交车上还为孩子们讲解:2014年以前,江北新区还没有这样的快速通道,路窄且不平;以前去桥北商贸综合体弘阳购物广场需要花1个多小时的时间,如今只需要20分钟左右。孩子们深切体会到家乡发展的日新月异。

为了节约时间,每个家庭分头坐上公交车,前往事前商量好的一些江北新地标进行参观。

梦茹家庭前往"栖身滨江蓄势而航"——长江之舟。在美丽的长江之滨,一艘"巨轮"映入眼帘。国家级新区江北新区的首个超五星级酒店,矗立在新区金融中心和研创园之间。这里与扬子江国际会议中心、浦口老火车站等形成了滨江文体旅生态风光带。是啊,江北的发展、祖国的发展正像这

二 家国情怀 不忘初心

艘"巨轮"浪漫起航。

敏瑞家庭前往"金石为开"——江北图书馆的建设地。这里虽然还在建设中,但是在妈妈的讲解与指引下,她可以想象到这是个有别于传统的图书馆。未来到这里看书的读者可以通过扫描二维码找到自己所需的书,然后通过气动物流、自动化系统等技术直接从负一楼书库把书送到取书区域,读者只需在此等待取书。如此方便灵活,可把爱读书的敏瑞乐坏了。

小萱家庭前往"月光宝盒"——市民中心。到了晚上,城市褪去日间的喧嚣,市民中心成为长江边上的光影世界。白色的铝板百叶窗不断幻化成动画大屏。南京的山、水、城、林等元素投射在市民中心的大屏上,即使身在江北也能领略古都南京的六朝遗韵。

……

坐公交看江北,一次不一样的游览体验,一次见证江北发展的美好遇见。活动虽然结束了,但孩子们把发展中的江北新区定格在画纸上、诗歌里、图片与视频之中。随后在班级开展"公交车上看江北"主题班会,孩子们侃侃而谈,分享着自己的见闻,描绘着江北这块宝地的未来。孩子们还商量着什么时候一同去江北万象汇网红打卡地一览南京长江大桥的风姿呢。

或许,不,是一定!再过十年,手中的画纸、眼中的视频,又会悄悄发生巨大的变化。我们一起期待。

设计意图

在培养少年儿童成长的过程中,家、校、社协同育人非常关键。携手家庭一起坐公交看江北发展,带着孩子在最日常的生活中感受交通的便捷、城市的发展、祖国的强盛,这是我们开展本次活动的初心。

【活动反思】

2019年11月,中共中央、国务院印发了《新时代爱国主义教育实施纲要》。纲要指出:"要大力弘扬爱国主义精神,引导学生把爱国情、强国志、报国行自觉融入坚持和发展中国特色社会主义事业、建设社会主义现代化强国、实现中华民族伟大复兴的奋斗之中。"

从王荷波纪念馆寻访名人,到成长礼的实践拓展训练,再到看实地看发展,活动层层递进,视野愈加拓展。活动的策划与组织无不体现着培养爱国情、砥砺强国志、实践报国行,厚植少年儿童爱国主义情怀的育人追求。

对国家的热爱,是一个人最朴素的情怀。培养青少年的爱国之情是一个长期的过程。作为班主任,我们也要对自己提出更高的要求,精心策划组织活动,使之成为孩子们厚植爱国主义情怀的重要载体。

【专家点评】

学校的德育工作要充分依托地方教育资源,利用地方的爱国主义教育基地、各类场馆、各类校外活动场所、专题教育社会实践基地等,开展不同主题的实践活动。"我家住在长江北",长江以及长江北岸的红色教育场馆、拓展训练基地以及新时代城市建设中的各类地标建筑与空间,均是孩子们真实生活中不可错过的教育风景。班主任利用红领巾假日小队、学生成长仪式及参观访问等各种活动形式,号召家长们自觉、自发地参与并组织,师生、家长共同行走江北、采访体验、素质拓展,真实地碰触、领悟长江北悠久且深厚的文化传统,在共同成长中自然生发出为家乡自豪、愿为家乡建设贡献智慧的情感、愿望与志向。

4　家是最小国　国是千万家

【活动缘起】

一个人对自己的国家和人民所表现出来的深情大爱,对国家富强、人民幸福所不断追寻的理想信念,对祖国的一种高度认同感、归属感、责任感、使命感的深度体现,我们称之为"家国情怀"。

家国情怀,是中华民族优秀传统文化的重要内涵之一。我们说,家是最小国,国是千万家。每一个人的生命体验都与家国紧密相连,从小培养孩子的家国情怀显得尤为重要。学生可以通过学习历史,在了解家乡、民族以及国家传统文化的基础上,进而实现理想、观念、情感态度上的认同。班主任

二　家国情怀　不忘初心

也应当利用每一个教育契机,从细处着眼,在小处夯实,培育学生的家国情怀,让每一个孩子都能健康快乐地成长,且学有所长,报效祖国,做大写的中国人。

【活动设计】

活动一　我的祖国，请听我来宣讲

祖国是什么？祖国是辛勤哺育我们成长的母亲,是孕育生命的摇篮。在孩子们心中,祖国是什么？爱国又意味着什么？刚接手这个五年级,我便思考如何将爱国的种子根植于每个学生心中。

活动年级：五、六年级

活动地点：教室

活动准备：学生了解祖国历史,收集爱国故事

2021年,是中国共产党建党一百周年。这是历经风雨的百年,也是开天辟地的百年；这是民族独立的百年,也是实现民族复兴的百年。为庆祝党的生日,我计划在班级里组织开展形式多样、内容丰富的社会实践活动,以此培育爱国情感,丰富生活内涵。

2021年3月,以"在你的心里,祖国是什么"为切入点,我和班委精心组织了班级宣讲活动,让孩子们在交流沟通中思考,并及时写下自己的想法。孩子们这样写："祖国就像是一只雄鸡,屹立于世界的东方；祖国就像是一条巨龙,蜿蜒腾飞让全世界为之惊叹。""我们的祖国富饶又美丽,有金山银山,更有山清水秀。""祖国是和平繁荣的大花园,百花齐放,姹紫嫣红。""祖国是火车,长长的,奔跑不停；祖国是温暖的灯,就像有一首歌的歌词里写的那样,灯火里的中国,和和美美一家亲。"是啊,不同的孩子对"祖国是什么"有着不同的理解。

我和祖国有什么关系呢？孩子们争先恐后地表达自己的想法。"祖国就像一只大手,我们被祖国紧紧地拥抱着,很安全。""少年强则国强,等我们的羽翼丰满了,我们要建设更强更美更富的祖国。""祖国就像一处温暖的

港湾,无论我们多晚归航,都有祖国这明亮的方向指引着我们。祖国是大树,我们是树下面的小草、小花、小动物,无忧无虑地奔跑玩耍,健康成长着。"

对于"可不可以没有祖国"这个问题,所有的孩子都达成了一致意见——不能,不能没有祖国。"因为失去了祖国就失去了生命,就没有强大的后盾支撑,就没有安全感,生活没有幸福感"……孩子们这样说出他们的体会。

设计意图

通过集中宣讲的形式,让孩子们在已有的认知基础上,通过积极提问、小组讨论、思考辨析,不断深化对祖国的理解,体会国家对每一个人的重要性,感受自己与祖国紧密相连、不可分割的关联,并认识到爱国可以通过自己的言行举止——小到走好路、做好操、写好字的点滴小事来体现。

活动二 致敬英雄,传承爱国精神

中华文化源远流长,古往今来英雄辈出。几千年来,涌现出无数的爱国英雄、仁人志士。屈原、苏武、戚继光、岳飞、文天祥、丁汝昌……他们的爱国故事经久传扬,激励着一代又一代中国人。讲故事,悟精神,我以古今爱国人物为榜样,将爱国教育落实在日常学习和生活中,真切地体验、深刻地领悟,从而激发学生树立天下兴亡、匹夫有责的爱国情感。

活动年级:五、六年级

活动地点:教室

活动准备:学生收集爱国英雄故事

前期,我以爱国人物为主题进行班级文化布置。孩子们根据主题要求,小组合作,进行布置设计创新:图文并茂的诗歌、优美流畅的书法、充满哲思的警句……教室的每一面墙都在和我们对话。孩子们在无声的氛围中潜移默化地接受了爱国主义精神的洗礼和陶冶。在分工明确、紧锣密鼓的布置工作中,也悄无声息地拉近了孩子们彼此之间的距离。

孩子们收集了很多动人的故事,有"苟利国家生死以,岂因祸福避趋之"的民族英雄林则徐;有少年定初心,将一生都奉献给了祖国,被称为"人民的好总理"的周恩来;也有和祖国一起经历了无数风雨坎坷、80多岁高龄的最美逆行者代表钟南山……他们以奋不顾身的精神守护了祖国,捍卫了尊严与和平。

孩子们在收集资料、交流分享中逐步体会到,落后就要挨打,只有经济繁荣、国家富强才能屹立于世界民族之林。有个孩子说:"虽然我们现在生活在和平年代,但我们绝不能忘记现在的幸福生活是由千千万万个革命先烈用鲜血和生命换来的。"孩子们表示,今后会学习革命先辈们的爱国精神,努力学习,茁壮成长,做合格的共产主义事业接班人。

设计意图

收集并分享爱国人物故事的活动,使孩子们明白"没有从天而降的英雄,只有挺身而出的凡人",深刻感受爱国将士们为了保家护国的不畏艰险、不惧危难的意志和精神,激发了他们对历史英雄的崇敬和爱国热情。

活动三　我爱我家,感恩父母

感恩,是指对别人的好意怀着谢意,对别人所给的帮助表示感激。怀有感恩之心是一种健康的心态,会使人的身心更好地发展成长。如何在小学道德教育中培养学生积极健康的感恩心态呢?作为子女,我们不能单一地接受来自父母的爱,更应该懂得反馈爱、回报爱。只有从小懂感恩、善分享、愿付出,才能养成健康的品性,才能在学校里、社会上更好地与人相处和合作。

感恩是人性善的反映。让学生从感恩父母做起,学会从身边的小事做起,一步步学习关心身边的人,关心周围的世界,进而关心整个人类。

活动年级:五、六年级

活动地点:教室

活动准备:《感恩父母》视频片段、信封、信纸,学生收集关于父爱母爱的故事

场景一:观看视频,激发情感

出示纪录片:2008年5月12日下午两点,我国四川省汶川县发生了八级的特大地震。顷刻之间,房屋坍塌,交通中断,通讯失灵,呐喊声、哭泣声

交织错节,无数的同胞被埋在了瓦砾之下。持续的搜救为我们呈现了一个个令人动容的画面:废墟中,有一位母亲呈跪地状,整个身体向前局促着,她靠双手扶地支撑着身体,似乎在努力遮挡什么。当救援人员小心翼翼搬开她时,发现她的身体下面有一个正在襁褓里酣睡着的婴儿。随后在整理过程中,医务人员发现了一部手机,最后的一条短信是这样说的:"亲爱的宝贝,如果你还活着,请你一定记住,我永远爱你!"这让我们想到人世间最真挚无私的爱,就是伟大的,可以舍生忘死的母爱。

看完视频,孩子们流泪了。他们回忆起成长中经历的那一个个动人瞬间。下雨天,父母湿透了肩膀却把雨伞留给了孩子;不忘给孩子过生日,却总是忽略自己的生日。《妈妈喜爱吃鱼头》的故事,一次次叩问着孩子:妈妈真的喜爱吃鱼头吗?妈妈为什么只吃鱼头呢?作为我们,又要如何回报这份深沉的爱呢?从出生到现在,父母的爱一直伴随着我们成长。不同生活情境的呈现再次引导孩子用自己的小行动来表达我们对于父母的感恩与爱。参加本次班会课的很多学生和家长都流下了感动的泪水。

场景二:联系生活,动情分享

孩子们分享了许多和爸爸妈妈之间感动的小故事。

播放善雅同学为妈妈按摩的视频。视频中她谈到,一开始她不情愿为妈妈按摩,只是简单敷衍,但温柔的妈妈却打趣地说:"善雅年龄小,手上没有力气,但按摩得很舒服。"这一委婉的说法,使善雅很不好意思,内心深处产生了强烈的愧疚。善雅妈妈面对全体同学和到场的家长,深切回忆着:善雅从不知道怎么按,到慢慢有点力道,能让妈妈感受到放松舒适。善雅妈妈娓娓道来,诉说她的惊喜、欣喜、欣慰、骄傲和期待。她的话感动了家长,更震撼了孩子们的心灵。

父母肩负家庭的责任默默地为我们的成长无私地付出着,父母的爱像阳光温暖着我们的童年,像雨露滋养着我们的成长。在爱的天地里,我们茁壮地成长。

场景三:真情告白,述说感恩

"谁言寸草心,报得三春晖"。活动中孩子们用稚嫩的语言向父母表达出了最真诚的感恩,字里行间洋溢着他们对父母的无限感激之心。有的学

二 家国情怀 不忘初心

生写道:"感谢您,我亲爱的爸爸、妈妈,谢谢你们把我带到这个世界上,教会我做人,教会我成长,我永远感谢你们,爱你们。"当孩子的父母读着这些话语时,眼眶湿润了。此时,他们感受到自己孩子长大了、懂事了,无论是多么辛苦的付出,都是值得的。

设计意图

我把感恩教育划分为三个板块,即认知、情感、实践,三个板块的设计层层深入,环环相扣。通过充分的准备以及与家长的沟通,活动组织内容丰富,学生家长真情流露。周末的延续活动,是组织孩子们假日与家长亲子活动,将课堂搬到家庭,让学生内心深处向善、向美、知恩图报的一面得以充分呈现。通过系列活动开展,增强了他们的责任意识、担当意识,同时改掉了"小公主""小少爷"的攀比、享乐等坏习惯。家长从孩子的感恩信中感受到孩子内心的体验,了解到孩子内心的想法——他们不仅需要父母在物质上的满足,更重要的是彼此之间的信任、理解与支持。

相关链接

有关汶川地震的感人故事,可扫码参考。

【活动反思】

家国情怀是植根于我们血脉之中的文化基因,是一种深层次的文化心理密码。有国才有家,由个人而家庭,由家庭而社会,由社会而国家,由国家而天下是中国人特有的社会价值逻辑。可以说,家国情怀是中华传统文化的精髓,是中国以家庭为中心的社会文化衍生出的一整套独特的思维和生活方式。

培养少年儿童家国情怀是一项长期的系统工程,需要结合少年儿童的年龄、身心等特点,循序渐进,从培养少年儿童的爱国之志、爱家之心做起。

【专家点评】

习近平总书记说:"爱国主义是中华民族精神的核心。爱国主义精神深深植根于中华儿女心中,是中华民族的精神基因,维系着华夏大地上各个民族的团结统一,激励着一代又一代中华儿女为祖国繁荣发展而不懈奋斗。"

家国情怀,是所有中华儿女心中共有的一种国家认同、民族认同和文化认同。其实现路径强调个人修身、重视亲情、心怀天下。家庭是精神成长的沃土,家国情怀的逻辑起点在于家风的涵养、家教的养成。

在传承优良家风中筑牢责任意识和担当精神,在正家风、齐家规中砥砺道德追求和理想抱负,在履行家庭义务中知晓责重山岳、公而忘私的大义,正是家风传承中所蕴藏的时代课题。责任和担当,乃是家国情怀的精髓所在。当我们专注于亲情眷念、家庭圆满时,我们更要关注民生之疾苦,兼顾小家与国家,将对家的情意深凝在对他人的大爱、对国家的担当上。古往今来,多少英雄舍生忘死、慷慨赴国难。从毛泽东"埋骨何须桑梓地,人生无处不青山"的壮志豪情,到赵一曼"未惜头颅新故国,甘将热血沃中华"的慷慨赴义,再到焦裕禄"心里装着全体人民,唯独没有他自己"的为民情深,中国共产党人常怀爱民之心、常思兴国之道、常念复兴之志,国而忘家,公而忘私,把个人价值寄托在对国家和人民的大爱与奋斗中。世界大同、天下为公,建构人类命运共同体的宏愿的提出,更是华夏民族以伟岸人格承接伟大担当,以家国情怀托举复兴使命,以忧患意识承载人类命运的博大心胸、无私情怀的真实写照。

本系列活动从我们与家的关联开始,从"感恩父母"出发,以真心诚意、修身齐家为基础,到"致敬英雄",到"没有国哪有家"的吟咏,到构建人类命运共同体的伟大追求,以治国平天下为旨归,把远大理想与个人抱负、家国情怀与人生追求熔融合一,活动主题层层深入,每个活动既有理性思索又有情感激荡、情理交融。

三　特别的日子　特别的你

1　我爱中国节

【活动缘起】

传统节日是我们代代相传的文化资产,是民族精神的写照,蕴含着中华传统美德。随着市场经济的快速发展,人们对生活质量的要求日益提高,国外的一些节日如圣诞节、万圣节等也逐步进入我们的日常生活。学生对这些节日兴趣很浓,渐渐混淆了中国节日、外国节日、传统节日和现代节日。他们对传统节日的由来和蕴含的意义渐渐淡忘。开展"我爱中国节"这一实践活动,可以让学生知道什么是中国传统节日,增强学生对传统节日和古代生活的了解,感受中国传统节日不仅数量多,而且有着丰富多彩的节日文化,激发学生对传统节日的热爱,从而引导学生过好中国节,继承优秀中华传统文化,发扬传统美德。

【活动设计】

活动一　你的吉祥,我来制作

春节,即中国农历新年,历史悠久,由上古时代岁首祈岁祭祀演变而来。春节的起源蕴含着深厚的文化内涵,在传承发展中彰显了丰厚的历史文化底蕴。在春节期间,全国各地均会举行各种庆贺新春的活动,带有浓郁的地域特色的团圆饭更是必不可少的一个环节。《舌尖上的中国》通过多个侧面,展示中华美食文化的韵味。这些给中国人生活带来的仪式、伦理等方面的文化已经成为了新的风尚。

活动年级:二年级

三 特别的日子 特别的你

活动地点：教室

活动准备：做菜小视频、菜名介绍表、真诚的祝福语

孩子们刚刚经历过春节的喜悦。为了了解他们的寒假生活，我做了一份调查表，主要了解寒假期间吸引他们的美食。民以食为天，而孩子们就是天生的小馋猫。不出所料，"新年吉祥菜"的活动一经宣布便赢得了满堂喝彩。

一、特殊的家庭作业

当天我布置了一份特殊的家庭作业——制作自己的新年吉祥菜，有家乡特色的更好，放在小盒子里带一部分到学校来。仅仅一个晚上我就收到了无数的照片和视频，真可谓五花八门，应有尽有。

二、小小厨师展示会

活动开始了，我们以抽签的方式来抽取"小厨师"介绍自己的作品。同学们都格外安静，期待这份惊喜的降临。

"小夏同学请上台！"

同学们纷纷鼓掌，眼睛紧紧地盯着她手中的小盒子，恨不得立马抢过去。开始介绍了，原来这道菜是"茵茵绿绿"，实际上就是炝拌苦菊。这道菜一眼望过去确实全是"草"，怪不得起这个名呢，其实还有寓意呢——原来三月已经迎来春天，做这道菜就是希望同学们在新的学期伴着春暖花开，散发勃勃生机。这确实是一道好菜，不过对于那些"如狼似虎"的小伙子们来说未免太素了，似乎不能激发他们的食欲。趁热打铁，第二道菜是什么呢？

这次是来自东北的"小壮"做的菜，看来这菜似乎很有分量，打开盒盖的一瞬间，香味四溢，引得同学们不停地吸着鼻子，口水都要流下来了。原来是东北酱骨头，它还有一个好听的名字——"头头是道"。这道菜的骨头两端都可以吮吸，就像我们学习和做事可以从不同角度发现不同的道理，真可谓"头头是道"啊！孩子们看着视频，跟随"小壮"再一次领略了东北的春节美食。

紧接着还有："大吉大利"（红烧仔鸡）——祝福全家人在新的一年里大吉大利；"步步高升"（番茄年糕）——祝福大家在工作上一切步步高升；"锦上添花"（炝拌五样）——祝福我们的生活多姿多彩，越来越好……

本次活动丰富了孩子们的生活体验，浸润了新春的喜庆氛围，让孩子们

的脸上都挂满了笑容。

设计意图

春节是中国的传统节日。但最近几年,年味逐渐变淡,学生对春节的传统习俗了解得越来越少。以新年菜为串联的活动,既激发了学生的兴趣,又加深了学生对春节以及中国美食的认识。润物无声,潜移默化,在学生心里埋下了中国传统文化的种子。

活动二 吉祥彩蛋,热闹端午

端午节,又称端阳节。其起源涵盖了古老星象文化、人文哲学等多方面的内容,蕴含着深厚的文化内涵,在传承发展中更是杂糅了多种民俗。在端午节期间,人们会吃粽子,挂艾草,赛龙舟,佩香囊,画彩蛋等。为了让孩子们进一步了解端午这一中国传统节日,我在班级开展了"吉祥彩蛋、热闹端午"活动。

端午节"画彩蛋",已经有几千年的历史了。老人们都说端午节"画彩蛋",在新的一年里可以事事顺心,遇邪成祥,所以人们在端午节这一天会给鸡蛋染上各种颜色。

活动年级:三年级

活动地点:教室

活动准备:鸡蛋、绘画工具

一、端午知识大比拼

这次端午节,我带着孩子们一同去探寻我们中国传统节日中的特别之处。于是在端午节之前,我就让孩子们和爸爸妈妈一起收集了有关端午节的知识。活动伊始,我先向孩子们简单介绍了端午节的知识,一起学习了关于端午节的古诗,再让孩子们补充说说自己收集到的资料,如端午习俗、名人与故事……通过收集整理和交流讨论,孩子们对于端午节有了较为深入的了解。

二、吉祥彩蛋争相画

接下来到了本次活动的重头戏——画彩蛋。孩子们拿出自己准备的鸡

三 特别的日子 特别的你

蛋,准备好绘画的彩笔,以及一些简单装饰的材料——有父母帮忙制作的漂亮蛋托底座,有可爱的小眼珠,有超轻粘土……各式各样,好不丰富。

瞧,小主角们出场,他们一个个手拿鸡蛋,用画笔蘸上颜料,然后慢慢画在鸡蛋上,用特有的方式描绘他们心目中的传统节日。为了让自己绘制的彩蛋脱颖而出,同学们可花了不少功夫呢。小雅悄悄地走过来和我说:"老师,等会儿,我要在我的'端午蛋'上画上我的好朋友,你给我保密,我给她一个惊喜。"小亮则把我拉过去跟我分享她手中的"端午蛋"上的吉祥小兔;小轩耐心地给自己的"端午蛋"画上蓝天白云;小荣在"端午蛋"上装饰自己最喜欢的超级机器人,取名"端午铠甲蛋"……一个个彩蛋作品童趣横生、充满活力,每一个作品都洋溢着孩子们天真烂漫的美好情感和大胆新奇的创造想象。可爱的孩子们有着丰富的想象,他们用画笔勾勒自己的"端午蛋",努力把自己融入到中国的传统节日里。一张张童稚的脸上洋溢着专注、快乐的表情。

孩子们的创作环节告一段落。我随机选择了几位"端午蛋绘画师"介绍自己的作品。孩子们对于同学们手上的作品都格外好奇,小眼睛都紧紧地盯着蛋绘作品。

我问:"谁想来分享自己的创作呢?"

第一个是小雅。小雅走上台来大方地举起自己的"端午蛋",开始介绍:"爸爸跟我说过,端午节绘'端午蛋',一年都会有好运,所以我这个鸡蛋上画的是我的好朋友——小天,我希望可以把这个'端午蛋'送给她,希望她能够快快乐乐,好运常伴。"两个小伙伴热情地拥抱,同学们也纷纷鼓起掌来。

第二个举手的是小荣。平时酷爱机器人的他,总是把机器人挂在嘴边。我很好奇他的"端午铠甲蛋"能有什么新奇的说法。他走上台,骄傲地举起自己的"端午蛋",告诉大家蛋壳上之所以画铠甲机器人,就是想让自己的"端午蛋"可以保护大家不受灾害病痛侵扰。我若有所悟,虽然他是个大大咧咧的男孩子,但心思真的很细腻啊。

紧接着,孩子们纷纷举手要介绍自己的"端午蛋"。一个个听下来,我不禁感叹,别看他们人儿小,原来并不仅仅是觉得画"端午蛋"新奇好玩,他们还在画蛋过程中明白了活动的意义。

活动结束后,孩子们捧着手绘端午节彩蛋互相欣赏,好不热闹。彩蛋活动虽然结束了,但"端午蛋"被赋予的甜蜜祝福将会伴着他们快乐成长。

设计意图

端午节画彩蛋的主题活动,让孩子们了解了中华传统节日的丰富内涵,了解了端午节的传统风俗,充分感受中国传统节日的美好。更让孩子学会感恩,学会分享,同时激发他们养成关爱他人、感恩社会的美好品质。

活动三 寄托相思,月圆人圆

"每逢佳节倍思亲",中秋节是中国的传统节日。传承和弘扬中华民族优秀传统文化是我们的使命。因此,本次活动以"圆"为切入点,将中国文化精神融入活动让学生学会欣赏、分享、表达,从而加深他们对于中秋的理解和喜爱。

活动年级:五年级

活动地点:教室

活动准备:环境布置(黑板报、桌椅、猜谜道具等);学生分成四个小组,每组5人,确定组长及成员,各小组前期准备好分享PPT及照片、视频;带具有节日代表性的中秋物品

今年10月,恰逢中秋和国庆同庆,我打算带孩子们开展一次有意义的庆中秋活动。

一、以歌会友唱中秋

活动伊始,欣赏有关中秋的歌曲。"明月几时有,把酒问青天,不知天上宫阙,今夕是何年……"王同学一首深情的《水调歌头》,博得满堂喝彩。

二、缤纷展示话中秋

随后,很多学生跃跃欲试,纷纷登台——或是介绍"中秋的来历和习俗",或是绘声绘色地讲解"中秋的传说",或是吟诵"中秋的古诗词"……诵读经典之作,不仅给班集体增添了几分团圆、和谐的幸福感,也让同学们充分感受到我们传统文化的独特魅力。

三、我的中秋别样"圆"

接着,组内派代表用课件、图片或视频呈现中秋趣事,聊一聊找到的这

三 特别的日子 特别的你

些"圆"。气氛正热烈,我便顺势引导说:"正如词中所说,中秋月,月到中秋偏皎洁,这时的月亮最是好看。"在这一环节中,同学们一起动手,手绘多姿多彩的中秋明信片。"明信片是一种情怀,它属于心底那个你最牵挂的人,或是你的家人,或是你的老师,或是你的朋友、玩伴。当接收到这份惊喜的时候,相信你,一定心怀感恩。"我总结道。

"在接下来的小长假中,同学们也可以带上自己的小礼物,去看望长辈,慰问老兵及这个城市的建设者、守护者们,给他们送去温暖的笑容和美好的祝愿,与他们共赏一轮明月。"我动情引导。

最后,我们请来了书法老师现场教学书写中秋祝福。同学们现场完成了自己的作品并精心装饰,相互赠送。

设计意图

活动围绕对中秋佳节的"唱、说、做"三个方面开展,让学生了解中国各地过中秋的风俗,增强学生爱父母、爱家乡、爱祖国的情感,真正体会中秋佳节带来的团圆与幸福,深刻领悟传统节日的文化底蕴和时代精神,进一步激发学生强烈的民族自豪感和爱国热情。

相关链接

活动的有关课件,可扫码下载。

【活动反思】

中国的传统节日形式多样,内容丰富,是我们中华民族悠久的历史文化的一个组成部分。传统节日的形成过程,是一个民族或国家的历史文化长期积淀凝聚的过程。从这些流传至今的节日风俗里,还可以清晰地看到古代人民生活的精彩画面。作为中国人,更应该做传统文化的传播者和发扬者。

【专家点评】

中华民族的传统节日是弘扬和传承中华民族优秀文化和精神的有效载

真体验，真发展——班级特色活动设计

体，其中蕴含着丰富的德育价值，如爱国、感恩、勤俭、尊老爱幼等优良品质。班级传统节日教育活动有利于培养学生对传统节日的认知以及对传统文化的认同与喜爱，使得我国优秀的传统文化得到传承和发展。

本系列活动的设计，选取春节、端午和中秋这三个中国人非常看重的传统节日，从细处入手，班主任带领不同年段的孩子们一起品评春节的吉祥菜，绘制端午彩蛋，吟诵中秋诗词，感受中华民族和谐为美的文化追求。

班主任们在设计班级节日教育活动时，一定要立足学情，分年段、跨学科、整体性地对节日活动进行系统性地设计。在设计时，既要考虑到活动主体的年段特点，也要考虑年段的活动衔接。比如，在小学六个年级端午节的活动设计中，一年级时可以开展斗蛋、立蛋小比赛，二年级时可以开展绘蛋活动，三年级时可以开展香囊手工活动，四年级时可以开展品尝粽子、学包粽子活动，五年级时可以开展端午诗词大会，六年级则可以开展亲子旱地龙舟赛。一个孩子从一年级入校，到六年级毕业离校，可以全方位地体验端午不同方面的文化，从而建构起对端午节全面而丰富的认知。当然，在活动的设计与组织中，还要充分运用各种方法来激荡起节日本身蕴含的情感体验，让"经验着"的动人情感打通并联结起认知与行为。

作为德育工作者，我们有责任充分挖掘传统节日的德育内涵，在内容的选择与开发中合理解读、突出重点，在方式的设计中做到灵活多样、知趣兼备，让学生能够细腻而深情地度过一个个周而复始却意义深刻的节日，从而得到智慧与道德上的启发与熏陶。

2 "花样"生日会

【活动缘起】

朱永新说："一个孩子，一个日子，这就是教育。"在孩子成长的过程中，有很多重要时刻，需要一种仪式去解读、去体验、去分享、去珍藏。学校，是陪伴孩子成长的幸福起点，更是见证孩子健康成长的快乐天地。德育，作为

三 特别的日子 特别的你

学校的首要工作,更应该为孩子的乘风破浪保驾护航。

一个孩子,自打他走进学校,就成了班集体中的一员。如果能在某些特殊的时刻,在精心策划的活动中,站在班级的中心,感受一种特殊的仪式文化,那么必将在他们的成长路上留下一段难忘的精彩回忆,为今后的成长奠定基础。

于孩子而言,没有什么比过生日更能激起他们的兴趣。教师可以通过开展花样生日会活动,让希望、温暖、分享、感恩、成长等,成为生日会的代名词,让那些特别的日子永远充满惊喜,永远令人期待,永远难以忘怀,也让班级中的每个个体在一次次的歌声与拥抱中,在欢笑与泪水中,凝聚成一个幸福的集体。

【活动设计】

活动一 你的生日,我的节日

班主任作为班集体的大家长,是孩子们在校园中最亲密的人。长期的朝夕相处,也让班主任同时演绎着妈妈、姐姐等多重角色。作为班主任,可以将班集体中每一个孩子的生日变成一个特别的日子,用数十个特别的日子串联起一整年的幸福。

活动年级:二年级

活动地点:教室、操场和"远方"

活动准备:一整套可爱的小贺卡、一张学生生日统计表、一颗真心一片真情

又是一年秋叶黄,一转眼,孩子们就上二年级了。通过一年的朝夕相处,我打心底里喜欢他们。所以,我想给他们准备一份特别的生日礼物。暑假里我就买好了贺卡,洗出了他们在元宵节那天身着盛装的美丽照片,统计好每个同学的生日。

9月6日,迎来了我们班"一姐"言言的生日,当我把精心书写、贴着孩子照片的贺卡发在班级QQ群中时,家长们顿时炸开了锅:"张老师太用心了!"

真体验,真发展——班级特色活动设计

"好感动,心里暖暖的!"

来到班级,我把贺卡送给了小寿星,并带着同学们一起唱了生日歌,每一个孩子都是那么开心那么激动,小寿星的脸都涨红了。

从此,只要有同学过生日,都会收到一张来自"张妈妈"的专属贺卡,而当天的 QQ 群也会挤满来自家长们的祝福,教室里更是因为欢乐的歌声引来其他班级的围观。

当然,也会有同学为此而发愁:"张老师,我的生日太不好了,是在暑假里,同学们都不上学,老师们也不上班,肯定没有人帮我过生日了……"这的确是一个问题,但是,只要有爱,难题也会变成非一般的惊喜。于是,我决定带着贺卡去旅行。

7月18日,是小辰的生日,当她在班级群里看到我站在中俄边境的木头房子里给她送上的温馨祝福时,激动地给我打来了电话:"张老师,我太高兴了,真没有想到,你一直记着我的生日,还带着贺卡一起去旅行了,我永远永远不会忘记这一天的!"她的爸爸妈妈也给我发了一段长长的留言,表达着自己的激动、意外和感谢。

设计意图

让每一个生日,都变成幸福的期待。让每一张贺卡,都变成珍贵回忆。你的生日,是我们共同的节日。

以班主任为活动发起人,通过在班集体中过生日,让每一个孩子都站在班级的中心,感受到大家最真诚的祝福,这样的仪式虽然简单,却又让人觉得如此幸福。

活动二　贺卡叠加,幸福翻倍

班级任课教师作为班集体中的重要组成人员,如何把全体任课教师,甚至是以前的任课教师都拉到班级合育的团队中来,让他们也体会到班集体的幸福呢?有一个特别简单的支点——谢谢最爱的你祝我生日快乐。

活动年级:三年级

活动地点:校园里每一个充满爱的教室

活动准备:两整套可爱的小贺卡、一张学生生日统计表、颗颗真心片片

三 特别的日子 特别的你

真情

  时光的脚步匆匆，转眼又是开学季，孩子们上三年级了。在经历了一整年的幸福生日会后，小伙伴之间也变得更加亲密。于是，我想让这幸福的集体再加入一群有爱的人，那就是我们班的所有任课老师。

  9月10日教师节，我给每位同学发了一张漂亮的贺卡，让他们给自己最喜爱的老师送上祝福（除了我本人）。孩子们用最工整的笔迹书写着对老师最真挚的爱。下课了，大家三五成群、快快乐乐地去给最喜欢的老师们送贺卡。在和各位老师沟通商量、征得同意后，我告诉孩子们，在他们生日的那一天，自己最喜爱的老师也会为可爱的他送来特别的祝福。

  一年里，孩子们也都在自己生日的那一天收到了老师们特别用心特别给力的花式生日祝福。

  幽幽和梦梦最喜爱的是美术老师，她们的生日贺卡上除了老师精心书写的祝福外，还画着她们可爱的卡通肖像，两个小姑娘别提有多高兴了；雯雯和彤彤最喜爱的是音乐老师，她们过生日时，老师一边弹奏一边唱着生日歌，还有几个活泼的孩子围着小寿星跳舞，把小寿星激动得脸都红了；小雨、俊俊和小哈最喜爱的是英语老师，而英语老师的贺卡居然是双语版的，孩子们直呼太厉害了……

  尤其让大家难忘的是坤坤、宸宸和小董的生日，他们在教师节把贺卡写给了自己二年级的体育老师施老师。可是，施老师因为工作调动已经离开了我们学校，所以我便让孩子们把贺卡念出来，拍成视频发给了他。施老师非常感动，没有想到孩子们把唯一一个最喜爱老师的名额给了自己。因此，在这几个孩子过生日时，他都通过视频的方式送上了真诚的祝福，小寿星看着视频中许久未见的施老师，都激动地流下了眼泪。

  设计意图

  教师节那天，我把最美的贺卡送给我最爱的老师；生日那天，我收到了最喜爱的老师送上的最特别的祝福。贺卡叠加，幸福翻倍，我们是一家人。

  教师节给老师送贺卡，生日时给学生送祝福，巧妙的贺卡叠加产生了奇特的化学反应，所有收到贺卡的老师都因为孩子最真最纯的爱而温暖，也用自己的实际行动回馈了孩子的这样一份深爱。看,幸福的味道浸润在一年中每一个特别的日子;听,快乐的相聚、悠扬的歌声填满了美好而又难忘的回忆。

相关链接

活动分享请扫码了解。

活动三 集体生日,铭记成长

十周岁是小学时光里学生们度过的最为重要的一个生日,家长们也都会在这一年为孩子们精心策划,用心准备。作为班主任,如何利用好这样一个成长的契机,解锁家校协作的密码,让家长也全方位地参与到班级生日会中,共谱一段动人的乐章呢?月月集体生日会,满满欢笑与泪水。

活动年级:四年级

活动地点:教室,但不止是教室

活动准备:在学期初的家长会上向家长们发出动员,确定月月生日会组长,班主任加入各月筹备群,进而确定每月活动主题与内容

一年好景,橙黄橘绿。这一年,孩子们上四年级了,也迎来了他们的十周岁生日。十周岁,是孩子们生命中的重要时刻,很多家庭都会邀请亲朋好友,为孩子操办隆重的生日聚会。但除了蛋糕、礼物和大餐,这个特别的日子也应该饱含温情,写满感慨,浸润回忆。

于是,我又开始策划,让更多的人走进班级,一同把生日的幸福与快乐说开去——他们就是孩子们最亲爱的爸爸妈妈。

学期初的家长会上,我精心制作了动感影集,带领家长们回首了二年级、三年级班级里那一个个难忘的生日、一张张可爱的笑脸、一份份浓浓的祝福、一段段珍贵的回忆。在此基础上,我把自己的设想与家长们分享,希望以月为单位,同月过生日的小寿星的爸爸妈妈组建各自的月份生日群,定

三 特别的日子 特别的你

好组长,大家商议确定一个时间来到班级,为孩子们举办特别的十周岁集体生日会,把孩子成长的故事、自己心中的话语说给大家听。

9月1日,班里迎来了三位同学的爸爸妈妈。因为没有提前和孩子们说,家长们的保密工作也做得非常好,所以生日在9月的三位小寿星特别意外,完全不知道是怎么回事,但是,温暖的故事就这样开始了。

首先上来的是言言同学的爸爸妈妈。妈妈与大家展示了言言从小到大的照片,讲述成长中难忘的故事。爸爸说自己平时对女儿比较严厉,觉得言言不够优秀。这时候,很多同学高高地举起小手,争着抢着要与爸爸分享他们眼中优秀的言言、可爱的言言、懂事的言言,让爸爸从另一个角度认识自己的女儿。

接下来是琳琳的爸爸妈妈。琳琳妈妈制作了精美的PPT,一张张图片,一段段话语,表达着她对琳琳满满的爱。当她说到琳琳小时候一生病她就很着急,总是一边哭一边从单位往家赶,把许多孩子都听哭了。爸爸与大家分享了"两个馒头"的故事,几次停顿,似乎是要强压住因幸福而涌动的热泪。

最后上来的是坤坤的爸爸妈妈。妈妈首先用一个动感影集与大家分享了坤坤从出生到现在的改变。匆匆十年如白驹过隙,让人不禁感叹时光飞逝。接下来妈妈一边流泪一边说着对不起坤坤。因为他小时候说话和走路都特别晚,在别的孩子享受着童年的快乐时,坤坤则跟着父母四处求医,奔波于各大医院,不停地检查、吃药。当他第一次喊出"妈妈"两个字时,妈妈激动得三天没有睡着觉。听到这里,爸爸也流下了热泪,相信他也一定想起了那些难忘的日子,坤坤同学更是哭得趴在桌子上。

后来的每个月,我们都因为集体过生日而幸福相聚。活动内容也越来越丰富,除了讲故事,家长们还带着孩子们一起做花灯、玩游戏、开展趣味运动会……今年3月过生日的几位小寿星的妈妈,更是在春游当天带着自己手工制作的纸杯蛋糕和我们一起来到了生态园,让孩子们在快乐的春游中度过了别样的幸福生日会。

设计意图

十周岁,月月生日会,诚挚的话语,让孩子们哭红了眼眶;浓浓的深情,

真体验,真发展——班级特色活动设计

让爱在分享时交融生长。集体生日,铭记成长,家校携手,幸福永藏。

让家长作为活动的策划者、组织者、参与者和分享者,让各位爸爸妈妈们来到班集体,诉说自家宝贝成长的故事,让班集体中的每位同学了解到同伴成长的故事,这是一个真正将每一个小家庭融入大家庭的幸福过程。

孩子们在聆听别人父母表达对自家宝贝深爱的同时,也一定会联想到自己的父母,感受到父母对自己的付出与关怀。

【活动反思】

一棵成长中的小树,正因为有了晨风吹拂,有了阳光照耀,有了细雨滋润,才会给大地投下一片绿荫。花样生日会,给孩子幼小的心田种下一颗"爱"的善种,相信也会给他们今后的人生旅途带去光明的召唤。

乌申斯基说:"教育的主要目的在于使学生获得幸福,不能为任何不相干的利益牺牲这种幸福,这一点当然是毋须置疑的。"让每一个学生都拥有幸福感应当成为我们教育者的追求,让所有孩子都能够得到美的享受和快乐情绪的提升,恰恰是教育所能发挥的奇特力量。教育,就是把那些美好的东西带给孩子们。

用生日滋养学生的生命,用情感构筑沟通的桥梁,用活动凝聚集体的力量,从而构建有温度的班集体,真正实现在集体中育人,让集体中的每一个人,都收获幸福与成长。

【专家点评】

班级就像一个大家庭,孩子们在这样的大家庭中,相亲相爱,一起过生日,一起经历成长。该生日会的系列活动设计中,班主任老师非常关注活动的情感性与系列性。活动的情感浓度,令孩子们体验到来自同伴、来自亲人的关爱与温暖。这一份关爱,将成为他们成长的巨大能量储备。同时,班主任用心设计组织,将家长与学科教师也引入班级生日会的组织,提升家长们对班级认同感的同时,也使学科教师们对班级有了归属感。借系列生日会的展开,情感的纽带逐步紧密,班级合育的力量也随之增强。我想,无论以后孩子们去向何方,他们一定不会忘记这一个个曾经让他们感动且欢喜的生日会。

3 "校园节日"大展示

【活动缘起】

丰富多彩的校园活动是孩子们童年最美好的回忆,主题鲜明的校园节日更是培养孩子们良好的道德品质、坚强的意志、良好的行为习惯的有效途径。孩子们非常期待每一个校园节日。每当节日到来,他们都会精心准备、展示特长、享受过程,在活泼欢乐的氛围中实现一次又一次的拔节生长。

同时,在活动中育人,能够提升德育实践的实效性,促进孩子们进行自主的道德实践。因此,我结合校情,精心策划每一个校园节日的班级活动,让孩子们在校园及班级这片乐土之上蓬勃生长,让教室变成乐园,让孩子更像孩子。

【活动设计】

活动一 守护童心,阳光成长

随着时代的前进,信息的传播,孩子的心理健康更加值得关注。预防和减轻孩子的心理应激反应,帮助孩子形成发现美好、追求美好的内驱力尤为重要。因此,我们可以依托校园"心育节",整合各种心理防控资源,努力提升孩子的心理免疫能力,启发孩子深思自己与他人、社会、自然的关系,认识生命的意义与价值,让孩子的内心世界变得丰沛充盈。

活动年级:二年级

活动地点:教室、家里

活动准备:准备"心育节"开幕式视频,全面介绍节日活动内容;收集心理健康教育主题影片;准备心理游戏介绍单;成立心理健康关爱小组

真体验,真发展——班级特色活动设计

一年一度的"心育节"又开幕了。晨会课的时间,孩子们收看了校园电视台开幕式的视频,了解到今年的"心育节"内容可丰富了——有心理主题影片观看,有亲子互动心理游戏,更有心理拓展等一系列活动,孩子们都非常期待。

按照节日方案的安排,三月的第一周班会课,孩子们一起观看了影片《蒙哥》。这是一部近乎于童话的纪录片,它用童话的方式,讲述了一只小狐獴的成长故事。唯美的画面搭配非洲原始音乐,为孩子们谱写了一首生命的赞歌。看完这部影片后,孩子们都很动容,很多孩子在周记中写下了自己的感受,被深深震撼和感动的灵魂,开始对生命产生新的认识和敬畏。

孩子们最喜欢的亲子互动心理游戏在第二周开始。他们将心理游戏介绍单带回家,与爸爸妈妈一起了解心理游戏的玩法和规则。在家庭中开展游戏,氛围更加和谐。很多孩子都拍摄了游戏视频,并上传到群里,与大家一起分享游戏的快乐和感悟。

第三周,"心育节"的重头戏——心理情景剧表演即将拉开帷幕。班级的孩子自行分组,选择社会主义核心价值观中的一个关键词作为主题展开心理剧的创作。从写剧本,到制作场景道具,再到排练完善,孩子们在团队合作中懂得了沟通协作,沉浸式地体会到了心理健康对于成长的重要意义。

"心育节"的最后一周,由班级的所有任课教师组成的心理关爱小组给每一位孩子写了一封信。在信中,老师们对孩子的闪光点进行了充分地肯定,同时,也鼓励孩子要有战胜困难的勇气,正确地面对生活中的挫折与逆境。

在这样温馨和谐的氛围中,孩子们积极乐观,充满自信,绽放着灿烂的微笑;教师们春风化雨,耐心陪伴,静待花开。

设计意图

近年来,孩子的心理健康倍受关注。良好的心理环境、健全的人格是孩子健康成长、全面发展的有力保障。设立校园"心育节"能够让师生及家长更加关注心理健康教育。同时,也能够通过这样一个个班级活动,将心理健康教育变得生动有趣、轻松愉悦,在潜移默化之中达到增强自信、增进和谐、形成阳光心态的目标。

相关链接

心育节活动方案和亲子小游戏,可扫码下载。

活动二　激发动能,强健体魄

"文明其精神,野蛮其体魄"。培养时代新人,就是要推动孩子们文化学习和体育锻炼协调发展,让孩子们强身健体、成长成才。当下,"小眼镜""小胖墩"屡见不鲜,孩子们在学业压力之下,更加需要通过运动来提升精神面貌,增强身体素质。学校一年一度的"体育节"是孩子们大展身手的好时机,体育节中各项赛事让孩子们跃跃欲试。作为班主任,可以利用这样的契机,培养孩子良好的运动习惯和运动品质。

活动年级:五年级

活动地点:操场、家里

活动准备:秩序册,挑战赛规则

4月,孩子们迎来了"体育节"。

今年的体育节除了传统项目班级啦啦操联赛、个人单项赛等比赛,又增设了最强王者争霸赛。说起争霸赛,班级的孩子们都跃跃欲试,都想试一试身手,但看到五年级的争霸赛内容时,有些孩子却犯了难。原来,五年级的内容是30秒双摇跳。

双摇跳是一种对身体素质和跳绳技巧要求比较高的运动,很多孩子因为有畏难情绪,都不太愿意学习和练习。但是,因为有了这样一次体育节的活动,形势好像发生了转变,孩子们一个个都卯足了劲。

争霸赛分为打榜、复核、放榜三个阶段,每周循环一次。在打榜阶段,孩子们要在规定的时间内完成打榜项目,并把自己最好的成绩发送给体育老师,保存好相应的视频以备复核,在打榜时间内可多次刷新自己的成绩。在复核阶段,体育老师会在班级群里公布前15名孩子的名单和成绩,上榜的孩子把自己对应的视频发给体育老师复核。在放榜阶段,体育老师会在班级群里公布前八名学生的名单和成绩,这些学生即为本周的"最强王者",每周榜单更新一次。最终王者凭借四周综合取得的最好成绩诞生。第一周和第四周成绩相差最多的学生获得"励志王者"称号。

一个月四个班级打榜周期,孩子们为了能够多跳一些,每天完成作业后都会在小区里练习跳绳。班级里也形成了运动的风潮,课间再也看不到孩子追逐打闹,取而代之的是有益的跳绳运动以及拼搏进取的精神。孩子们在一次又一次的挑战中重新认识了自己,激发了运动潜力,增强了身体素质,养成了良好的运动习惯。

设计意图

作为孩子的重要他人,班主任要利用好每一个契机帮助孩子成为更好的自己。良好的体育锻炼习惯能让青少年终身受益。在"体育节"中,既有集体的竞赛,也有个人的比拼。通过这样的活动能够提升班级的凝聚力,增加孩子们的精气神,培养他们坚强的意志。作为班主任,将精心设计的活动巧妙地实施,于无形中育人,这才是德育之道。

活动三 因地制宜,彰显文化

校园的节日不仅可以聚焦在"五育并举"的层面上,还可以进一步渗透到学校的文化内涵中,以学校文化特色为切入点,设计出具有班级特色的节日。我们学校在长江边,大桥下,孩子们对大江大桥有着天然的亲近感。因此,每年六月班级的"江桥文化节"便会如期开展。

我作为班主任,是联系学校和学生的纽带。活动开展前,我充分了解了学校的江桥文化特色,并以班会的形式,向学生进行介绍,让孩子们更加明晰学校的特色文化,使之对学校的文化产生认同感,凸显出文化场域的力量。

活动年级:六年级

活动地点:学校体育馆、教室

活动准备:制定活动方案;收集制作桥梁模型的材料

三 特别的日子 特别的你

每年6月,我们都会迎来具有班级特色的节日——"江桥文化节"。

"江桥文化节"是丰富而隆重的。在建党100周年之际,班级中的孩子们通过创客活动、项目式挑战学习等开展系列理论与实践探究活动,对"江桥文化"进行深入研究,促使孩子们想学、会学、勤学,锻炼实践能力,铸造工匠精神,把红色教育和劳动教育纳入活动的全过程,提升学生核心素养,厚植爱党、爱国的情怀。

与此同时班级还开展了"桥梁工程师挑战赛"活动。挑战赛分为两项内容:一是特定主题挑战赛,即班级以小组为单位参赛,每组四名同学。孩子们要发挥自己的想象力和动手能力,用生活中可回收的废旧材料,一起搭建一座具有红色历史的桥梁模型(如卢沟桥、泸定桥、三洞桥、深河桥、钱塘江大桥等),并简单介绍它的红色历史故事。二是特定材料挑战赛,即每位学生利用事先准备好的木棒,搭建出图纸中规定的桥梁模型,用时最短的即为胜者。

在挑战赛中,孩子们必须充分调动自己的感官,发挥想象力,手脑并用,才可以制作出精美稳固的桥梁模型。同时,通过了解桥梁背后的故事,孩子们进一步了解到了峥嵘岁月里那些伟大的历史事件和崇高的历史人物,赓续红色血脉,坚定理想信念,为拔节孕穗期的孩子们扣好人生第一粒扣子,让爱国主义的情怀牢牢地根植于心中。

设计意图

校园节日的设计要基于孩子发展的需要,也要基于学校发展的需要。贴合学校特色文化的节日无疑是最接地气的节日。班本化的节日是孩子小学生活中印象最深刻的节日,是孩子童年生活中最美好的回忆。开发学校的区位资源,拓展育人的路径,是策略也是趋势。同时,也要不断赋予班本化节日的时代内涵,结合时代发展趋势,努力发现儿童美好的梦想,丰富儿童内在的体验,激发儿童向上的力量,赋能儿童未来的发展。

【活动反思】

伟大的教育家陶行知先生提出"生活即教育",他主张"教学做合一",校园节日的设立充分诠释了这样的思想。高质量地策划并开展校园节日意义重大。通过节日活动的开展能够充分了解孩子,解放孩子的头脑、双手、空间、时间,使他们得到自由的生活,从真实的生活中得到真实的教育。每年的校园节日,既要延续传统的内容,做到文化的传承,也要有不断创新,注入新的内涵。落实"五育并举",培养时代新人,需要我们用心策划每一次校园节日活动,从活动中生发出育人价值。

【专家点评】

为丰富学生的校园道德生活,拓宽德育路径,提升学生的综合素质与能力,根据学校文化特色,设立若干校园节日是很多中小学校的选择。

校园节日活动设计与组织中,均关注主题性、开放性、创新性与体验性。在该系列校园节日活动中,班主任带领孩子们一起开展心育节的亲子小游戏,在体育节挑战跳绳双摇,在江桥文化节动手体验桥梁文化。校园节日活动中的互动性、体验性,令孩子们在轻松愉悦的玩乐中学习。各具特色的校园节日,充满着文化气息与创意,具有着仪式感与教育性,已经成为学生感受传统文化、传承中国文化、陶冶艺术情操、体验别样生活、进行自我展示、凝聚师生情感的一个特殊载体,给菁菁校园留下一串串美好又难忘的记忆。

4 班级诗词大会

【活动缘起】

诗的言语,典藏着华夏五千年的悠悠历史;词的声音,演绎着贯穿古今的不朽传说。经典诗词,吟咏着底蕴深厚的民族文化;经典诗词,见证着华夏儿女的风骨铿锵。中华优秀传统文化,蕴藉着先贤育人的思想,诗词歌赋,便是这文化星海中最耀眼的一颗。

为更好地弘扬中华优秀传统文化,丰富班级生活,让孩子们能够传承文明,提高修养,收获快乐,班级里开展了诗词大会活动。孩子们一起诵读经

三 特别的日子 特别的你

典,在优美篇章中感受万里河山的广阔,享受文化与文明的饕餮盛宴。

【活动设计】

活动一 欢乐抢答,畅游浩瀚诗海

中华文化博大精深,古诗文更是传统文化中最璀璨的星星。孩子升入小学之后,对于语言文字的积累有了要求,背诵诗词成了孩子们每天的必修课。在入学伊始,班上的孩子们就开始逐篇背诵《古诗75首》里面的内容,每周背诵两首,一个学年下来,很多孩子都掌握了大量的古诗。

为了能够激发孩子们背诵经典的热情,巩固背诵的内容,通过在班级中开展"诗词大会"活动,让孩子们的传统文化学习之旅变得更加生动有趣。

活动年级:三年级

活动地点:教室

活动准备:结合《古诗75首》准备题库;诗词抢答器

5月的一个下午,班级里举行了"诗词大会"活动。为了让孩子们的竞赛活动规范有序地进行,小萌爸爸早早来到了班里,小心地进行布线,很快就为孩子们安装好了抢答器,并就如何正确使用抢答器对孩子们进行了细致的指导。孩子们按照小组合作的座位形式分成了十组,依次进行了抢答器的试用,我也对比赛规则进行了详细介绍。

此次班级诗词大会按照"看诗名背全诗""诗句接龙""读诗说作者""看图猜诗""按条件猜作者""凭内容猜诗句"等几部分内容逐一进行。诗词大会形式多样,要求同学们不仅要扎实地掌握诗词及相关内容,还要兼顾掌握按下抢答器的时机。

大会进行过程中,孩子们为了本小组能够胜出,全神贯注。有的目不转睛地盯着黑板上的题;有的高度紧张地把手放在抢答器上等待最佳时机按下去;有的虽然没有得到发言机会却聚精会神地听其他同学答题,随时准备进行补充……

随着题型的转换,组内每一个孩子都获得了掌管本组抢答器的机会。

真体验,真发展——班级特色活动设计

随着诗词大会的进行,越来越多的孩子找到了按下抢答器的窍门,为本组成员答题赢得了机会。尽管有的同学因为不能熟练地使用抢答器而导致频频犯规,从而被多次扣分,但这并不影响他们继续参加答题的热情。

各组比分不断变化,充满变数又充满希望。值得一提的是,由小萌和小彬独立录像来记录会场赛程,他们在老师现场讲解示范后胆大心细地进行尝试,快速上手,录制过程中俨然一副行家的模样。而完美掌握了抢答器使用技巧为本组赢得多次答题得分机会的小奥同学,马上又学会了抢答器的控制使用,在赛程后期独立操作游刃有余……班级诗词大会在严肃活泼的学习氛围中圆满成功。

而平时非常注重诗词积累,下了真功夫的同学如小乔、小萱、小钰等在大赛中表现出色、脱颖而出,取得了理想的成绩。

设计意图

通过班级诗词大会活动,孩子们多形式、全方位地温习了所背诵的古诗篇目,紧张的比赛氛围更能加深记忆。诗词大会的活动更让孩子们学习、背诵、研读古典诗词的热情空前高涨,在诵读经典的文化之路上越走越远,真正地成为我国优秀传统文化的传承者。作为班主任,在组织本次活动的过程中,也有效借助了家长力量,扩大了活动的影响力,让传统诗词回归当下学生的幸福生活,让中华经典陪伴孩子的童年。

相关链接

诗词大会课件可扫码下载。

活动二　诵读经典,感受诗词魅力

中华五千年的悠久历史,孕育了底蕴深厚的民族文化。源远流长的经典诗文,更是历史长河中经久不衰的瑰宝。为涵养孩子们的语言素养,让雅言润泽他们的童年,班级里正在如火如荼地进行着"经典诵读"活动。本次班级"经典诵读"以"秀美山河"为主题,采撷了古今诗文中的名篇佳作,孩子

三 特别的日子 特别的你

们通过深情诵读的方式,进行了一次心灵的洗礼。

活动年级:四年级

活动地点:教室、家里、校园里等

活动准备:一份诗词诵读清单,一段贴合诗词的音乐

中华文化,源远流长,博大精深;华夏经典,字字珠玑,意蕴深刻。同经典为朋,与圣贤为友,可以让孩子们在耳濡目染、潜移默化之中陶冶性情,开阔胸襟。诵读中华经典的过程就是对孩子们进行潜移默化的文化修养的塑造过程。

孩子们对班级的活动非常感兴趣,寓教于乐的活动是进行古诗文诵读的良好途径。每天的晨间诵读时间,班级里的孩子都会根据诗词诵读清单的内容,进行经典诵读,孩子们跟着录音或者老师的范读,初步感知古诗词的意蕴;然后,再通过自由朗读,熟悉古诗词;最后,在反复朗读的基础上,熟读成诵。

每节课的课前,我都会按照学号,让孩子轮流上台朗诵自己所喜爱的一篇经典诗词。这大大提高了孩子诵读经典的积极性,同时,也增强了孩子的自信。因为这样一个个人展示的环节,很多孩子都会用心准备,将自己最完美的表现展示给同学们。小浩在班级里是一个不太起眼的孩子,但他在这次的课前展示中表现非常出色。他的妈妈告诉我,为了这短短三分钟的课前展示,他在家里没少下功夫。每天写完作业,就会拿起诗词诵读清单,选择自己喜欢的内容练习诵读。"经典诵读"通过一段时间的练习,小浩的诵读水平明显提高,自信心也增强了不少。

在这次的班级"经典诵读"活动中,最精彩的内容莫过于诵读比赛了。经过一个月的诵读准备,班级经典诵读大赛正式拉开帷幕。孩子们自行选择比赛篇目,进行诵读训练;统一定制比赛服装,在一次次课下彩排中磨练自己,加深对经典诗词的理解。正式比赛的日子到了,孩子们个个精神饱满,展现出一个月以来努力准备的良好成果。

班级"经典诵读"的开展,是弘扬中华传统文化的一个良好途径,它应当被作为一个文化项目,不断被充实,不断被推进。

真体验，真发展——班级特色活动设计

设计意图

中华经典诗文承载着中华民族精神和传统文化教育的精华。开展经典诵读活动，对于传承和弘扬中华民族优秀传统文化，增强民族自豪感和文化自信心有着重要的作用。经典诵读比赛是一个契机，旨在有效掀起班级学习经典的热潮，激发孩子们的潜能与智慧，使无声的书面语言变成有声有色有情境的表达演绎。

活动三　趣味拓展，卷入传统文化

随着孩子们的综合素养不断提升，孩子们对班级活动的期待值也在不断提高，他们渴望更多有意思、有收获的活动来充实自己的学习和生活。作为班级传统活动的班级诗词大会也被赋予了新的内涵。孩子们参与到活动的自主建构之中，在完成学业任务的同时，自主策划班级诗词大会的方案。在每天坚持诵读古诗文的基础上，我们一起做了新的探索。通过丰富多彩的形式，让班级传统的活动变得更加有新意。

活动年级：五年级

活动地点：可以在校内，也可以在校外，一切适合开展活动的地方

活动准备：制定活动方案

班级一年一度的诗词文化月如期到来，孩子们向我提出建议，希望今年的班级诗词大会和以往有所不同。

通过班委会讨论商议，我们达成了一致意见，由班长结合会议记录拟定本届班级诗词大会的方案，保留经典的活动，如竞赛答题、经典诵读比赛，同时增加课间诗词游戏、诗词配画、书法比赛和书香家庭评选等活动。

我们将诗词与课间活动相结合，孩子们创编与古诗文相结合的课间游戏。如拍手歌，孩子们一边拍手，一边诵读古诗；又如编花篮游戏，孩子们一边跳，一边诵读古诗，课间诵读声欢乐清脆。

同时，开展诗词配画活动，孩子们根据自己对古典诗文的理解，想象古诗的意境，用画的形式把古诗文的内容呈现出来，并且在班级的文化角进行展示。

三 特别的日子 特别的你

在此基础上,开展书法比赛。学生以古诗词为内容进行书法比赛,不仅能感受古典诗文的魅力,而且能提高自己的书写水平,也转变了学生的学习方式。

同时,本次班级诗词大会还努力做到两个延伸:一是向家庭延伸,充分调动家长的积极性,倡导亲子共读中华经典,感受诗词的魅力。二是向学生的生活领域延伸,引导学生联系生活实际,体会诗词中的情感,据实分类,诵读古诗词。

设计意图

班级诗词大会活动的开展,使学生在中华经典文化的海洋中畅游,感受中华传统文化的博大精深,体会古诗词独有的意境,培养审美能力,提高审美情趣。通过活动的开展,激发了学生诵读中华经典的热情,养成随时积累语言素材的习惯,培养学生对祖国语言文字的热爱,增强了民族自豪感。

同时,由学生自主策划的活动,更加符合他们的兴趣与需要,符合他们的参与期待,能够收到更佳的效果。

【活动反思】

文化是一个国家、一个民族的精神家园,体现着一个国家、一个民族的价值取向、道德规范、思想风貌及行为特征。中华文明历经几千年从未中断,中华民族在长期生产生活实践中产生和形成的优秀传统文化,为中华民族的生息、发展和壮大提供了丰厚的精神滋养。作为新时代的少年,要将文化自信融入自身的气质。班级诗词大会的开展,进一步增强了孩子学习传统文化、传承传统文化的兴趣,同时也丰富了孩子的精神世界,通过文字跨越时空与先贤对话,让雅言润泽了孩子们的童年。

【专家点评】

习近平总书记指出:"讲清楚中华优秀传统文化是中华民族的突出优势,是我们最深厚的文化软实力。"中华优秀传统文化是中华民族的精神命脉,是涵养社会主义核心价值观的重要源泉。古诗词是中华传统文化的重要载体。通过开展各年段的古诗词吟诵活动、古诗词知识抢答活动、书诗画诗活动等,将古诗词与孩子的生活密切地融在一起,让孩子们在与古诗词的邂逅中,调动耳、鼻、口、眼、脑等多重感官,看、听、闻、思,感受并真正理解其真、善、美、趣,真正认同且喜爱上中华传统文化。

中华优秀传统文化,积淀着中华民族最深沉的精神追求,代表着中华民族独特的精神标识,形成了中国人的思维方式和行为方式,支撑着中华民族历经五千余年生生不息,代代相传,傲然屹立。我们有责任也有义务带领孩子们来传承与发展。

四　温暖亲情　强健身心

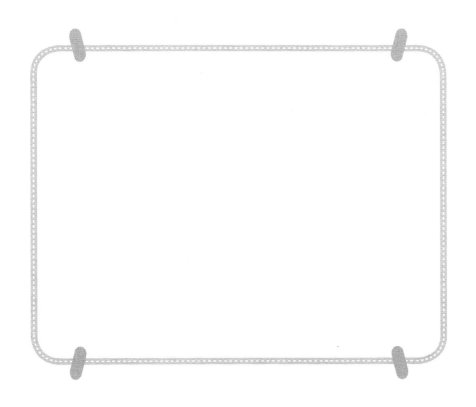

真体验，真发展——班级特色活动设计

1　我的游戏我做主

【活动缘起】

天真、烂漫，是童年的标签，童年像一只五彩斑斓的蝴蝶，在清风里轻轻起舞；童年里那一个个魔幻神奇的梦想，在阳光下闪闪发光。最美的是童年，最难忘的是童年的游戏。游戏不仅仅是儿童的天性，更是儿童的生活。

游戏本身具有健身、娱乐、竞争、促进个性心理发展的功能，同时它又简单易行，趣味无穷，能使孩子们轻松快乐，在游戏里战胜困难、战胜自我，得到心理满足。

让我们蹲下身，留心学生的困扰，关心学生的需要，真正以学生为主体，站在学生的视角，鼓励他们自己动手动脑，合力创设有趣有益的游戏活动，还学生一个自主独立的游戏空间。让游戏陪伴孩子们的童年，让游戏成为生命幸福的源泉，让孩子们的游戏，孩子做主。

【活动设计】

活动一　玩爷爷小时候玩的游戏

升入小学之后，孩子们发现小学与幼儿园最大的一个不同之处是拥有了课间。比起幼儿园里由老师组织孩子们一同活动、游戏，小学生看似有了更多的自由，想玩什么就玩什么。但是，通过观察和交流发现，很多低年段的孩子不知道玩什么，也不会安全地玩、快乐地玩。

作为班主任，我们可以将目光聚焦在"传统游戏"上，通过联合家长的力量，把孩子们的课间游戏变得丰富多彩，充满欢声笑语。

四 温暖亲情 强健身心

活动年级：一年级

活动地点：走廊、操场、跑道……每一个适合课间游戏的好地方

活动准备：开展"传统游戏知多少"主题班会，调动学生学习兴趣；成立"传统游戏指导团"，鼓励家长报名来校指导学生玩游戏

有一天，睿睿从家里带来了个铁环，是假期去景区玩的时候爷爷买的，他虽然没学会，但是很喜欢，就带到学校来了。

一群小朋友好奇极了，你摸摸我看看，但是大家围着铁环研究了一天，也没有一个人能让它滚出两米远，孩子们向我求助，可是我自己也不会。

"要是我爷爷在就好了，他可会滚铁环了，能一直一直滚，停都停不下来！"睿睿的话一下子给了我启发。"对呀！睿睿，你可以回家问问，看看你爷爷愿意来学校教同学们滚铁环吗？我们一起拜他为师！""好呀好呀，我爷爷退休了，我想他肯定会同意的！耶！我爷爷要来学校教大家滚铁环咯！"

很快，睿睿的爷爷便来了。老人家很有心，为了方便大家一边看一边学，他又特地多买了几个铁环。经过几天的指导，有几个孩子便能慢慢地滚上几步了，孩子们真诚地向睿睿爷爷表示感谢，爷爷也特别高兴。

同学们感受到了传统游戏的魅力，每天下课都到操场上滚铁环。但是丰富的课间十分钟不能只有一个活动项目，传统游戏除了滚铁环，其实还有许多项目，孩子们是不是都可以尝试一下呢？

于是，我特别召开了"传统游戏知多少"主题班会，带领同学们一起走近爸爸妈妈、爷爷奶奶的童年，了解那些有趣的传统游戏。孩子们越听越激动，越看越兴奋，争先恐后地表示自己想玩这个，想玩那个。在此基础上，我顺势鼓励孩子们回家请爸爸妈妈、爷爷奶奶教自己玩过去的游戏。如果可以，也欢迎他们来到学校教班级小朋友一起玩。

在后来很长的一段时间里，"传统游戏指导团"的家长志愿者们多次来到学校，教同学们"跳皮筋""打掼宝""丢手绢""扔沙包"……

传统游戏，极大地丰富了孩子们的课间生活，使孩子们获得了满满的快乐；家长们因为参与其中，也感受到了校园生活的美好，同时回味了自己童

年的无忧时光。

设计意图

扔沙包、打掼宝、丢手绢……这些耳熟能详的传统游戏对20世纪70年代或80年代出生的人来说再亲切不过了,因为在他们的成长经历中,这些简单健康的游戏陪伴他们度过了美好的童年时光。而现在,这些传统游戏却在孩子们的生活中被逐渐淡忘,取而代之的是网络游戏等。这不仅不利于学生情感及合作意识的培养,还对健康成长造成了不良影响。

作为班主任,我有效地借助了家长力量,让传统游戏回归当下幸福生活,让纯真笑容荡漾在孩子稚嫩的脸庞。

活动二　和小伙伴一起创编新游戏

随着孩子们不断长大,低年级的游戏已经逐渐对他们没有了吸引力,进入中年级,课间游戏又该何去何从呢?

作为班主任,可以换一种思路,鼓励同学们挑战"课间游戏我创造",一起集思广益,通过设计特别的游戏实现快乐又安全的玩耍。

活动年级:三年级

活动地点:走廊、操场、跑道……每一个适合课间游戏的好地方

活动准备:一份真诚号召、许多奇妙点子、一同改造体验

"最近课间真无聊,都没什么好玩的!"课间,两位女生的聊天吸引了我的注意力,经过与多位同学谈心,发现不少孩子都有同感。一、二年级时热衷的传统游戏已经让他们渐渐失去了兴趣。于是,我专门召开了一节主题班会——"课间游戏我创造"。孩子们原本略显低迷的情绪立刻一扫而光,取而代之的是一双双亮晶晶的眼睛。

我与孩子们简单地说明要求:大家分成多个小组,一起挑战创编新游戏;以一周为时间节点,分组思考;家长可以作为智囊团,给大家支招。

第一周,孩子们通过小组讨论、确定主题、尝试玩法、全班展示、改进完善等环节,每一个小组都拿出了高质量的新游戏。有的小组将自己低年级喜爱的游戏进行改造,完成了课间游戏的升级,如"花样滚铁环""创意跳皮

四 温暖亲情 强健身心

筋";有的小组则把目标锁定到新游戏,通过搜集对比、体验调整,完成了课间游戏的更新,如"猜猜他是谁""追击杀手";还有的小组视角新颖,重点研究一个人可以玩什么,设计出多款单人独立游戏,如"单人五子棋""晋级跳绳",给大家的课间活动提供了更多选择。

第二周,我继续推进,鼓励孩子们尝试体验其他组的游戏,并且在最后一天评选出了"超级大玩家"。其他班级的老师听说了此项活动,觉得特别赞,邀请"大玩家"们到自己班级进行展示。孩子们因为自创游戏而带来的满足感、幸福感、成就感又多了一分。

而这些游戏,也真的成了孩子们课间快乐的源泉。每个课间,都能看到他们灵动的身影和灿烂的笑脸。

设计意图

孩子一天天在长大,他们的需要也在不断变化,这就需要身为班主任的我们用心倾听孩子的心声,悉心关注孩子的诉求。通过引导孩子们以"课间游戏我创造"为主题,帮助他们在尝试体验、交流分享、合作创造、改进完善、展示比拼的过程中,充分感受到人生是美好的,生活是快乐的,成长是幸福的。

活动三 拉着爸爸妈妈一起玩游戏

小学高年级孩子进入青春期早期,自我意识的萌芽也让他们变得更加敏感易怒,稍有不顺心就和家长剑拔弩张。不少家长表示亲子关系明显不如低年级,家长疲惫,孩子也很烦闷。这时候,仅仅通过说理和感恩教育,往往难以取得较好的效果。

作为班主任,可以以趣味拓展为支点,开展集体性的游戏活动,营造轻松氛围,进一步缓解学生的课业负担。同时,也可以有效改善亲子关系,使孩子和父母在愉快的合作中,身心和谐发展。

活动年级:四、六年级

活动地点:可以在校内,也可以在校外,但地方要大一点

活动准备:制定活动方案;购买保险;明确人员分工(家长志愿者);成立游戏道具准备组、能量补给采购组、光影留念拍摄组

一个美好秋日，我们相约校外一处拓展基地，开展为期半天的趣味拓展活动。

上午九点，全班40个家庭悉数到齐。与平时不同，每个孩子的脸上都绽放着浓浓的笑意，家长们也是一脸的闲适。

首先，我们进行了热身"桃花朵朵开""轻松按摩操"等互动游戏体验，加深了家长与孩子的交流沟通，大家心情放松，积极参与。在此基础上，我们以报数的形式进行分组。每组大家庭通力合作，确立队名、口号、队歌等并进行团队风采展示，充分展现了每个家庭积极的精神面貌。

接下来，我们开展了四个有趣的亲子趣味活动。

一是奇趣接力赛。由"大人小孩"一起共同完成三大项目："穿衣接力""滚铁环""解手链"。项目开始时，每组成员分成A、B两小组，A组成员"穿衣接力"结束后，B组成员开始"滚铁环"，最后全组成员一起"解手链"，所有项目完成后，哪组挑战时间最短，即为获胜。

二是携手勇闯关。家长拉着孩子的手共同渡过"鳄鱼河"。家长拉住孩子的一只手，过河过程中孩子踩在小石头上，家长踩着大荷叶。小石头只能承受孩子的体重，家长不能踏在上面，如果脚踏上去则掉进河里。孩子也不能脚踩大荷叶，否则过河失败，被"鳄鱼吃掉"。

三是沙场大点兵。每组依次派出一名成员挑战，蒙眼后同时进入雷区，其他成员在区外指挥。进入雷区的选手一边捡炮弹并对进入雷区的其他选手进行攻击，一边防止被其他队选手攻击，同时还要避免接触到埋好的地雷。

四是彩虹亲密跑。每队家庭选出6位家长和6位孩子，统一站在彩虹履带上，共同前进。整个过程中双脚不能离开彩虹履带，用时短的小组获胜。

四个有趣的拓展活动，极大程度地激发了孩子和家长的挑战兴趣，进一步增进了亲子之间的默契程度，同时也促进了家庭与家庭之间的沟通与交流。

最后，家长们手挽手，共同为孩子们筑起成长之门，孩子们依次穿过。尤其让人感动的是，孩子们在穿越完成长之门之后，又自发地挽起了手，为家长们筑起了一扇扇门，家长们弯下腰，带着笑，幸福地穿过由宝贝的双手为他们撑起的一片天空。你养我长大，我陪你变老，多么美好的寓意啊！

四 温暖亲情 强健身心

设计意图

以家庭为单位,通过精心设计一系列生动、活泼、有趣的拓展活动,鼓励家庭成员以平等的身份参与其中并通过成员之间互动等环节,培养孩子们形成良好的沟通习惯,且进一步融洽了亲子关系,从而实现了孩子与家长相互学习、相互理解、共同成长,并创造了一个更加温馨的育人环境。

相关链接

亲子趣味拓展活动视频可扫码观看。

【活动反思】

爱游戏,是孩子的天性。高尔基曾说过:"儿童通过游戏,非常简单,非常容易地去认识周围的世界。"孩子们离不开游戏,就像鱼儿离不开水,鸟儿离不开天空,花儿离不开太阳。游戏是一种符合儿童身心发展要求的快乐而自主的活动,可以巩固和丰富儿童的知识,促进其智力、语言等各种能力的发展,促进其健康快乐地成长,并提高儿童的自我保护能力。可以说,游戏已成为孩子们生活中重要的一部分。

儿童参与游戏的主要动力是兴趣和好奇心。作为老师,可以结合学生年段特征和实际需要,引导和鼓励学生大胆尝试,按自己的兴趣、需要自由选择,主动创设。家长作为有力支持者积极参与,则能更加全面地融入孩子的生活与成长,与孩子一起体验感受、交流合作。

【专家点评】

游戏是儿童的天性。班主任教师抓住了孩子的心理特点,对低中高三个年段,分别从游戏的安全、游戏的创意、游戏的亲子关系等入手,引领孩子们在课间玩爷爷小时候玩过的传统游戏,合作创编新游戏,在集体活动时一起玩亲子挑战游戏。游戏成了同伴之间的粘合剂、亲子关系的磨合剂、师生情感的催化剂。从最朴素的传统游戏,到孩子们利用生活中的普通材料创

真体验，真发展——班级特色活动设计

造出来的新游戏，闪烁着思维的火花；玩游戏的过程，也沉淀着浓郁的情感。游戏，是一种对传统文化的致敬，更是一种对未来生活的憧憬。游戏中成长的童年，应该是最纯真、最清澈的童年样子。

2　励志远足　慈善行走

【活动缘起】

一代人的素质关系着一个时代的命运，一个民族的素质则关系到一个国家的前程。作为社会主义的建设者和接班人，每一个青少年身上都凝聚着数代人殷切的期盼，肩负着承传千载的重担。

他们聪明活泼，理解能力强，易于接受新事物，有一定的分辨是非的能力，希望在探究活动中接受挑战，在自主活动中体验成功。

"远足"主题实践活动不但能使学生回归自然、亲近自然，陶冶他们高尚的审美情操，而且有益于学生的身体健康，缓解学习压力，增加生活情趣，同时还能够让学生了解当地的历史文化和风土人情，使学生在探究实践活动中了解过去、认识现在、展望未来，从而更好地融入生活，并点燃生活的激情。

鉴于此，班主任可以联合家长力量，组织开展"励志远足　慈善行走"活动，让每个同学在活动中充分感受艰苦与快乐并存、集体与个人同在，进一步接受体力和毅力的考验。

【活动设计】

活动一　徒步行走，遇见成长

小学四年级，迎来了学生的十周岁。这时候，许多学校都会举办"成长仪式"。作为班主任，我立足班级的角度，通过开展别具一格的班集体活动，带领学生在行走中感悟成长，在磨练中遇见更好的自己。

活动年级：四年级

四 温暖亲情 强健身心

活动地点:学校附近适宜远足的目的地——龙王山

活动准备:学生分组,确定组长、副组长及组名、口号;家长提前给十岁的孩子写一封信,在活动前交给老师;招募家长志愿者。家长志愿者分为两类:一类作为小组联络员和安全员加入各个小组,负责小组间的联络及行走过程中的安全,每组安排两到三位家长志愿者;另一类作为"加油点"志愿者,为学生发放通关臂贴,提供饮用水、能量棒等补给品和扭跌伤外用药物、碘酒、防中暑药物,并在终点为学生颁发荣誉勋章等

一转眼,孩子们四年级了,迎来了他们的十周岁。经过班委会集中商讨,由家委会共同制定了方案,我们确定了"徒步行走,遇见成长"主题活动。

活动当天,孩子们穿着整齐的校服,扛着队旗,从学校出发来到龙王山山脚下的起点站,并在"加油点1"处领取个人通关臂贴,以小组为单位向龙王山前进。

一开始,孩子们的脸上洋溢着笑容,个个意气风发,难掩内心的激动和喜悦。可随着山路变得曲折蜿蜒,体力不断消耗,不少孩子行走有些吃力。但是,伙伴间的鼓励让他们学会了坚持不懈,"不抛弃,不放弃"的精神让他们擦干汗水、继续前行,磨练意志、敢于突破。

在徒步过程中,各小组还需完成一份《气味收集表》,即寻找出五种不同的气味,这样可使孩子们真正亲近自然,同时培养学生的发现和探究能力。沿途共设置两处能量加油点,给孩子们及时补充水分和能量,缓解身体疲劳。

最终,孩子们都顺利地来到了山顶,获得了荣誉勋章。同时,一封封饱含深情的信件也随之到达他们的手中。打开信封,静心阅读父母用心写下的话语,不知不觉泪水已夺眶而出。徒步行走,让孩子们收获了对人生的感悟,更收获了父母对自己成长的祝福。

设计意图

蜿蜒曲折的山路就像人生旅程,不乏艰苦和困难,需要我们坚持不懈,坚定理想信念,一步步脚印、一滴滴汗水、一次次鼓励……

站在人生的第一个十岁节点,作为班主任,我联合家长,精心策划,用一

场励志远足带领学生直面挑战、协作前行,让孩子们充分感受来自同伴的关怀,来自父母的期盼,来自集体的力量。这样的宝贵经历一定会成为孩子们记忆中浓墨重彩的一笔,让他们在未来的人生道路上走得更加勇敢、坚定。

活动二 红色研学,传承精神

毕业,是一段学习旅程的终点,又是下一段美好旅程的起点。研学旅行是行走的课堂,孩子可以看到书本外的世界。作为班主任,我面向毕业班的学生,通过组织研学远足活动,在孩子们的内心种下一颗小小的种子,教会孩子们用眼睛去观察、用心灵去体会,从而真正实现学习和成长的一次飞跃。

活动年级:六年级

活动地点:学校所在地区的红色研学基地——大金山

活动准备:与大金山国防园做好对接工作;联系车辆、购买保险

又是一年毕业季,恰逢建党百年,为传承红色基因,丰富孩子们的文化内涵,给小学生活留下美好的回忆,6月,班级组织开展毕业生远足体验活动。

活动当天,孩子们由老师和家长志愿者组织,乘车前往大金山国防园。大家齐聚长征广场,聆听红军长征途中的艰难险阻,致敬峥嵘岁月。在激荡人心的乐曲中,孩子们紧握右拳,慷慨宣誓,表达自己坚定的信念和意志。

宣誓后,伴着红色歌曲,孩子们重温长征旅途。"激战湘江"——"遵义会议"——"四渡赤水"——"飞夺泸定桥"——"爬雪山"——"过草地",孩子们走了2.5公里"长征路"。一路前进,汗水浸湿了孩子们的衣衫,也让大家真切地体验到了红军长征的艰苦,对不怕苦、不怕难的长征精神有了更深的感悟,激发了他们的爱国情怀。

下午,孩子们来到雷锋文化馆,了解雷锋的生平事迹。在教官的讲解下,孩子们感受到了雷锋精神的伟大,纷纷表示要向雷锋叔叔学习。随后,孩子们来到军事文化体验园,与战争兵器零距离接触。看到仿真的武器装备,大家都跃跃欲试,装上子弹,瞄准靶心,"哒哒哒……"同学们在不一样的

四 温暖亲情 强健身心

军事体验中感受到成长的特别含义。

设计意图

这次活动,让孩子们充分体会到了革命先烈不屈不挠、艰苦奋斗的精神。沐浴在和平的阳光下,我们铭记历史,珍爱和平,居安思危,警钟长鸣。

恰逢建党百年,通过组织开展一场红色研学主题的毕业远足,可将红色血脉注入学生的心田,为孩子们未来的人生航程定稳方向,让学生用自己的脚步丈量红军长征的历程。孩子们走过的是历史,走向的是希望。

活动三 践行慈善,挑战自我

14岁,是青春的第一步,是从少年迈向青年的转折点。作为班主任,面向八年级学生,我通过组织集体远足活动,指导学生在协作与奋进中品味成长的美好滋味,迈好青春第一步。同时,通过践行慈善,进一步增强学生的社会责任感,让学生在成才的轨迹中留下难忘瞬间。

活动年级:八年级

活动地点:学校所在地适宜远足的目的地——老山

活动准备:提前踩点,确定行走路线;制作募捐箱、条幅等;招募家长志愿者。家长志愿者分为两类:一类做好行走过程中的拍照、摄影记录工作,帮助老师管理班级;另一类是作为起点、终点和补给站志愿者

青春,多么美好的词语。学生们迎来了属于自己的花样年华——14岁。这个时候,不如用一场行走演绎青春,用一次慈善来践行成长。于是,在师生和家长的共同期盼之中,班级"践行慈善,挑战自我"励志行走活动,如约而至。

在一个洒满阳光的秋日,同学们齐聚老山脚下,一声嘹亮的"现在,出发",拉开了本次行走的序幕。大家呼吸着新鲜的空气,在欣赏自然景色之余,井然有序地开展徒步十公里拓展训练。又一个午后时光,镌刻在记忆的年轮里。

历经3小时,师生终于抵达终点站——象山湖公园。虽然有的同学气喘吁吁,有的同学脚掌磨破,但每个同学都开心而激动,犹如老山的红枫一样火热灿烂。

真体验,真发展——班级特色活动设计

本次活动,既是励志活动,也是慈善活动。全体师生把募捐来的善款用于购买学习用品、图书等,帮助有需要的家庭。

当然,每一次活动的顺利开展都离不开前期的精心设计与构思谋划,离不开家长志愿者们的支持与配合。本次活动,处处可见家长们的用心:"吴家大洼"补给站,家长志愿者们为班级拉起励志横幅,振奋人心;每处补给站不仅为孩子们备足了干粮,还有消毒用湿纸巾、餐巾纸、垃圾袋等;终点站的家长们贴心地准备了热牛奶,还有家长给每位同学准备了一朵向日葵,并打出了横幅"孩子们,你们是爸爸妈妈心中永远的太阳"……点点滴滴,细致入微,不胜枚举,令人感动。

设计意图

行在深山,看尽美景;爱在心间,家校共进。生命,是一场漫长的修行,低头看书时,也别忘了抬头看路、看景,感受生命。这样,生活才会精彩、丰盈,充满意义。

作为班主任,面对青春期的学生,更应该通过丰富的体验活动引领学生在实践中成长,联合家庭、社会的力量,让学生走出校园,在亲密接触美好大自然的徒步行走中,磨练学生的意志。在欣赏美景时,培养学生的团队协作意识。在实践中体验与同伴、老师一起行走的过程与乐趣,在潜移默化中增强师生情感和班级凝聚力。

相关链接

活动视频可扫码观看。

【活动反思】

德育应该根植于现实生活的沃土。《中共中央国务院关于进一步加强和改进未成年人思想道德建设的若干意见》中明确指出,中小学德育必须贴近生活、贴近实际、贴近未成年人。《中小学德育大纲》要求学生必须参加一定时间的社会实践活动。

四　温暖亲情　强健身心

"励志远足　慈善行走"是一种主题教育。它以学生为主体,以活动为载体,以体验为手段,以促进学生发展为目的。在班主任老师和家长的引领下,学生们充分发挥主动性、积极性和创造性,在开放的环境里,在民主、宽松、和谐的教育氛围下,在与师生、自然、社会的亲密接触和交往互动过程中,实现自我设计、自我管理、自我服务、自我教育和自主发展。

同时,"励志远足　慈善行走"还是一种体验教育。它强化社会实践,重视学生的情感体验,让学生更多地走进自然、走进社会、走进人生。在远足的过程中,体验自然、社会和人生之美,感受与同学交往互动、心理压力释放和自我充分表现之喜悦。在远足过程中,学生把做人做事的基本道理转化为健康的心理品格,把对自然、社会和生活的亲身感受内化为基本的道德情感,外化为可见的人格素养,从而实现健全人格、活跃思维、鲜明个性、提升素养的目标。

【专家点评】

我国儿童教育家陈鹤琴先生说:"健全的身体是一个人做人、做事、做学问的基础。"将远足与学生十岁成长礼、六年级毕业礼和十四岁青春礼相结合,让孩子们在徒步行走的过程中,经历身与心的挑战,感受大地、天空、河流、生命、同伴等带来的独特意义。充满仪式感与挑战性的远足,在家庭、学校与社区的协同组织下,既有利于放松身心,有利于增进团队意识、学会合作,又是一种意志力与生命力的磨炼。以这样的远足活动,来作为学生某个成长阶段的暂停与再出发,学生在其中可获得运动的快乐和正向的鞭策与激励,并形成对待生命的敬畏态度。

3　我家的男神女神

【活动缘起】

新时代背景下,学生的身心健康已成为社会各界关注的重点内容,家校

085

真体验,真发展——班级特色活动设计

共育的重要性日益显现出来。对班主任而言,开展多种家校合作的双向互动活动应该成为班集体建设中的一个重要部分,成为促进家校沟通的一种有效途径。

陶行知先生说:"真教育是心心相印的活动。"在组织班级创意活动中,只有引导学生真体验,带领家长真感受,亲子主题活动才算真正走入学生和家长内心,才会在每一个参与者的心灵中留下有意义的痕迹。

为促使家长积极参与"家校共育"活动,引导家长、教师、学生积极参与,创建良好的家长与子女、家长与教师、教师与学生的关系,提高家校共育的综合效果,我们试图通过开展"我家的男神女神"系列活动,让爸爸妈妈真正走进活动,品尝为人父母的幸福滋味。

【活动设计】

活动一　我和爸爸(妈妈)一起,祝你节日快乐

低年级的小朋友,刚升入小学不久,他们对父母的爱是真挚的、炽热的,像金子一样闪亮。但年幼的他们如果没有老师的适当引导和建议,往往难以制造让父母热泪盈眶的惊喜。作为班主任,我们完全可以通过精心设计、用心打造,号召孩子们在母亲节(父亲节)来临之际,一起努力,将惊喜包装,让幸福提档,让温情的日子更加闪闪发光。

❶ 母亲节,试试这样做

活动年级:一年级
活动地点:教室
活动准备:一个"完美的幌子"、漂亮的手工贺卡、可爱的入学照片

5月,我们迎来了孩子们小学阶段的第一个母亲节。为了让妈妈们感受到十足的惊喜,我们设计了一个"完美的幌子",我在班级 QQ 群中发布了这样一则通知:

各位家长好,江苏教育频道《未来科学家》栏目要来校进行拍摄,此次活

四 温暖亲情 强健身心

动需要一些爸爸来担任志愿者,希望有空的爸爸积极报名,不要错过一年级唯一一次父亲专场进校园活动。

对于小学阶段第一次需要父亲参与的活动,爸爸们表示新鲜又有趣,纷纷积极报名,最后共有17位爸爸确定参加活动。

活动当天,我与孩子们畅聊未来科学家的话题,但是爸爸们一脸疑惑,因为活动现场并没有任何一台摄像机,怎么也不像要录制节目的样子。聊完科学家,我抱歉地对大家说,因为临时活动调整,今天电视台不能来校了,非常抱歉,让爸爸们白跑一趟。爸爸们的表情从疑惑变成了诧异,这时我才揭开活动的真实面纱:明天就是母亲节了,今天就让爸爸们带着各位宝贝来为妈妈做一张美美的贺卡吧。

我按照班级人数给爸爸们进行了分组,每个爸爸都"分到了"三四个孩子,领到材料包,便都忙碌了起来。平时并不擅长手工的爸爸们,可能从来没有和孩子一起完成过这样的任务,看上去有些吃力。但同时,被一群可爱的孩子环绕的爸爸们却又显得很幸福,他们脸上带着笑意,对照着操作图,耐心地给孩子讲解、指导、演示。毕竟这是一次难得的亲子活动,毕竟这是给妈妈们做的惊喜礼物呀。

贺卡做好了,我又拿出事先准备好的孩子们入学第一天的照片发给了大家。请大家把照片贴在贺卡上,并写上对妈妈的一句话祝福,孩子们用稚嫩的笔触写下:"亲爱的妈妈,我和爸爸一起,祝你节日快乐!我爱你!"

这一次活动让班里许多妈妈都流下了眼泪。妈妈们表示,从未曾想到,看似木讷的爸爸会带着孩子们一点一点地去完成手工贺卡。看到照片中爸爸苦恼的表情,微蹙的眉头,妈妈们笑着笑着又湿润了眼眶,这时的爸爸是这样可爱。

看着贺卡上小小的人儿那灿烂的笑脸,还有那笑脸下歪歪扭扭的"亲爱的妈妈,我爱你",她们的心儿都柔软得要融化了。

妈妈们都说,这是她们为人母之后过得最幸福的一个母亲节,这辈子都不会忘记这一天。当然,让她们感动的,除了自己心爱的丈夫和孩子,还有活动的策划者,妈妈们真诚地感谢身为班主任的我对于活动的用心。此刻的妈妈们,真切地感受到老师不光爱她们的孩子,并且爱她们,这是一件多么让人感到幸福的事情呀。

设计意图

一年级学生平时的手工作业大都是由妈妈指导完成的,而爸爸们带着孩子一起制作贺卡的过程,一方面可以加深亲子之间的感情,同时也可以让他们感受妈妈们平时带着孩子完成手工作业的不易,进一步体会妈妈的辛苦。而孩子们在和爸爸一起做贺卡的过程中,也能充分感受到爸爸对自己、对妈妈的爱,在快乐与幸福中完成贺卡的制作。

这是一个特别的日子,被惊喜与快乐击中的除了那个幸福的妈妈,当然还有幸福的制造者——孩子和爸爸。

❷ 父亲节,试试这样做

活动年级:一年级

活动地点:学校报告厅

活动准备:又一个"完美的幌子"、一群给力的"合谋者"、数份演讲稿及 PPT

6月末,我给同学们发了一张特别定制的邀请函,邀请全班同学全家总动员,来校参加"一年级成长回顾"。为了让更多的家长能够参与,时间定在星期六下午,除了特殊原因,尽量都参加,最后有 28 个家庭如约而至。

首先我用 10 组数字带大家回顾这一年:10 个班级相册,2667 张盛满珍贵回忆的照片,记载着我们班的每一次活动,每一张笑脸,每一个改变。作为朋友圈里有名的"晒娃狂魔",我还用朋友圈时间轴的形式,带领大家回顾了班集体这一年的每一个特殊瞬间。

接着,我把话筒交给了爸爸妈妈,请他们分享孩子们在这一年的变化与成长。爸爸妈妈们用最诚恳的言语,回忆难忘的瞬间,感慨孩子的成长,有的妈妈还流下了激动的泪水。

当爸爸们都以为活动即将进入尾声的时候,一串奇怪的数字才真正让他们发现了裹挟在"一年级成长回顾"背后的是妈妈和孩子准备了长达一个月的超大惊喜。原来,回顾只是一个开篇环节,真正的主题是迟到的父亲节

四 温暖亲情 强健身心

礼物——《我的爸爸》主题演讲。

28个学号链接着28份PPT,每一份都是妈妈们在爸爸不知道的情况下精心制作的。孩子们站在舞台上,把准备了许久、练习了无数遍的演讲完美呈现,大声地"描摹"着自己对"男神"深深的爱。

饱含着浓浓深情的PPT配上孩子们稚嫩真诚的话语,每一个爸爸都看得那么认真、那么专注。有的爸爸红了眼眶,有的爸爸流下了热泪,还有的爸爸,一直用温暖的微笑将深深的感动放在了心里。

合影时,爸爸们把妈妈和宝贝搂得紧紧的,走下舞台后,爸爸们又把宝贝抱在怀里,幸福地聆听着下一份惊喜,共享着每一次感动。

虽然不善言辞的爸爸没有发表太多惊喜感言,但我相信,这个特别的父亲节,会一直印刻在他们的心中。

设计意图

相比母亲节的惊喜,父亲节的感动来得更绵长而深沉。妈妈和孩子们通过数日的精心准备,用心呈现了这样一场精彩的主题演讲,让爸爸成为了接受惊喜的那个人。他们充分感受到了被爱包裹的幸福。活动的开展使亲子关系更加亲密,也为爸爸们在孩子未来的成长过程中更多地参与其中,打下了坚实的基础。

从惊喜的制造者到惊喜的接收者,爸爸们的角色虽然发生了变化,但是家庭中的每个人却在接连两次的幸福中挨得更近、贴得更紧。

相关链接

活动情况请扫码了解。

活动二 我的"第一次",送给最爱的你

中高年级的学生,动手能力渐渐增强,此时他们已经可以不用父母的帮助,独立完成一件漂亮的手工。作为班主任,可以引导孩子为父母做哪些更加富有挑战意义的事来表达他们对父母的爱呢?

为了家里的男神女神，努力挑战"我的第一次"，便是一个不错的选择。母亲节、父亲节，试试这样做。

活动年级：四年级

活动地点：教室和家里

活动准备：因任务不同而有所差异，但都是家庭常用物品，无需特别准备

孩子们上四年级了，迎来了一年一度的母亲节。经过前几次母亲节、父亲节的惊喜制造活动，他们个个都成了手工小达人，掌握了多种手工技能。孩子们也通过一场场温馨的节日，与父母走得更近。10岁的他们，已不满足于给父母做一件小小的手工，他们希望可以通过更特别的事来表达自己对父母的感恩与爱。

于是，我便鼓励孩子们一同集思广益，讨论："母亲节，我为妈妈做什么？"通过分组讨论、全班交流，大家一致决定要给妈妈下一碗长寿面，寓意也很美好——愿妈妈永远青春美丽，陪伴自己长长久久。

5月9日，孩子们早早就起床了，这是10岁的他们第一次下厨，只为把最真的爱送给最爱的妈妈。

通过在校指导，孩子们清楚地知道要先把水烧开再放面，为了让面条彻底熟透，还要再添加两到三次冷水。但孩子们的心意不止于此，他们还自主学习了如何煎荷包蛋，如何将西红柿、火腿肠、小黄瓜等加到面里，摆出花样让这碗面变得更加色香味俱全。

当孩子们端着这碗心意满满的面来到妈妈面前时，发现妈妈的眼角早已闪烁着泪花。妈妈们埋着头，将面条吃了个干干净净，连面汤也喝得一滴不剩。她们搂着已然少年模样的孩子，幸福地说："这是人生中吃过的最好吃的一碗面。"

孩子们扬起了大大的笑脸："妈妈，真的好吃吗？太好了！我以后要给你下很多很多的面条，还不止面条呢，只要你喜欢，我还要给你做更多更多好吃的！"

一碗面，两颗心，我心挨你心，妈妈我爱你。

四　温暖亲情　强健身心

看着下个月即将到来的父亲节,成功把妈妈感动的孩子们又有了新思路,他们说:"给爸爸刷鞋吧,爸爸工作多奔波,一定要穿着干净舒服的鞋子。他们只要一低头,看到亮闪闪的鞋子,就会想起亮闪闪的我们,多好!"

设计意图

经历了成长仪式的孩子,站在人生的第一个 10 岁节点,回望过去的时光,便觉得心中有了份量。感慨成长的同时,他们的心中更有一份对父母的感谢。如何让这份感谢找到落地生根的地方,并用实际行动去表达,这是他们成长中的一个重要命题,也是作为班主任的我们应该去关注与引导的。

从低年级带着孩子一起做,到中高年级听孩子说怎么做,"亲子节日造惊喜"活动进一步发挥了孩子的主动性,鼓励孩子在讨论交流、合作探究中去寻找向父母表达爱的别样方式,让孩子们在亲身经历从设计到挑战的完整过程中,看到父母的泪花与笑容,为他人付出的幸福感也会长留在孩子们心中,滋养他们的一生。

【活动反思】

夏天的风将树叶吹成深绿,充满惊喜的父亲节和母亲节让亲子关系、家校关系进一步融洽。一次次为爸爸妈妈精心策划的活动,让孩子,让父母,让参与其中的每一个人都充分感受到爱与被爱的巨大魔力,让每一颗心都凝聚在一起。

孩子们自进入小学起,在每一年春夏交接的特别日子里,学会用自己的实际行动去表达对父母最真诚的爱,让感恩的传统美德根植于每个孩子的心灵深处,让感恩的种子在孩子们的心里生根发芽,这是孩子成长道路上一笔重要的财富。

用心处处皆教育。只有贴近学生成长需求,贴近学生生活实际,才能真诚打通家校共育的桥梁,把每一位家长都变成主动的参与者、体验者、成长者,进一步促进学生健康成长。

真体验,真发展——班级特色活动设计

【专家点评】

亲子关系如何,决定着家庭教育的成败。当下家庭教育中的父亲角色缺失、母亲角色越位、亲子关系不融洽等问题,令很多家长不知所措,也对学校教育产生了一定的负面影响。班主任从关注亲子关系,关注感恩教育等问题出发,精心设计出"我家的男神女神"系列活动。活动中,有母亲节的温馨小贺卡,有父亲节的浓情小演讲。一个个小环节的匠心设计,一幅幅小画面的深情营造,一碗碗热气腾腾的寿面出锅,我相信,留给家长的是启发与转变,留给孩子的是关于善良的唤醒与美好记忆的储存。用心、用情、用脑设计与组织的育人活动,总是能够超越时间,达到永恒。

4 亲子共成长

【活动缘起】

做父母是一门学问,如何提升自己,丰富自己的精神世界,陪伴孩子一同成长,一直是困扰家长们的问题。

我们都知道,一个人的精神发育史,就是一个人的阅读史。一个民族的精神境界,在很大程度上取决于这个民族的阅读水平。阅读是教育最重要的活动,同时,阅读也是帮助父母成长最便捷、最有效的路径。为营造浓郁的阅读氛围,整合丰富的阅读资源,可开展丰富多彩的阅读活动,进行家庭阅读实践,让阅读成为习惯,在阅读中提升阅读素养,从而实现亲子共成长。

【活动设计】

活动一 亲子共读,提升文化氛围

在孩子刚刚进入小学的时候,家长通常都会比较焦虑。一方面是担心孩子在学校照顾不好自己,另一方面是没有做好充分的心理准备。因此,帮

四 温暖亲情 强健身心

助家长快速进入状态,掌握相关的育儿方法尤为重要。

班主任作为班集体建设的引领者,应当关照到每一个孩子、每一个家庭的状态。于是,以阅读为抓手,通过书籍的力量,营造班级文化氛围,提高家长育儿水平,培养孩子良好习惯的亲子共读活动应运而生。

活动年级:一年级

活动地点:家里

活动准备:推荐阅读书单、阅读记录本

在孩子们刚刚进入一年级、班集体形成的初期,我就在班上开展了亲子共读活动。该活动旨在通过营造良好的读书氛围,从而构建班级学习共同体。

活动第一步,建议家长调整并优化家庭环境,规定好电视的播放时间,布置好孩子的房间或书房及阅读角,以营造较好的家庭学习环境和阅读环境,使家长和孩子能静下心来去学习和阅读,享受学习和阅读的快乐。

活动第二步,建议家长每月一次带孩子到书店购书,或者到图书馆借书,同时,拓宽读书渠道。另外,也倡导家长在孩子过生日或节日时以书为礼品,如在过春节的时候,送"压岁书"。

活动第三步,每个家庭制定阅读计划。我们将每天睡前的一小时定为"家庭读书黄金时间",鼓励家长和孩子共同阅读、共同提高。在向孩子推荐阅读书目时,我也为家长推荐了当下阶段适合阅读的书籍:《13岁前好妈妈一定要懂的学习心理学》《给孩子的童年书》《规矩的背后是自由》《好妈妈胜过好老师》《深度陪伴》《习惯决定孩子一生》《做父亲的幸福》等。

活动第四步,建立班级阅读会,即每天按照学号请一名家长在阅读会的平台里交流读书感悟,感悟可以是书面的文字,也可以是语音或视频的分享;可以是自己的阅读感悟,也可以是孩子的阅读感悟。阅读会中的其他家长可以进行点评。通过用这样的方式有效带动了整个班级的读书氛围。

活动第五步,开展每季度一次的"最美阅读者"评选活动。根据每季度阅读的数量以及阅读感悟的分享、点评情况,评选出班级"最美阅读者"。

真体验，真发展——班级特色活动设计

通过一个学期的尝试，学生家庭中慢慢形成了良好的阅读氛围，孩子们逐步养成了良好的阅读习惯，家长们也在一次次的分享中变得互相熟悉，焦虑的情绪得到了缓解。总之，家庭学习力不断提升，家长和孩子实现了共同成长。

设计意图

家长的有效陪伴对刚入学的孩子来说十分重要，在幼小衔接的关键期，以阅读为抓手，是便捷有效的路径之一。通过家庭阅读环境的建设，家庭阅读书目的筛选，家庭阅读感悟的分享，家庭阅读成效的评比，全方位地建构了书香家庭的样式。我们常说，父母是孩子的第一任老师，因此，家长的学习力提高了，在一定程度上成了孩子的榜样，更有利于学习共同体的建设，从而真正实现亲子的共成长。

活动二　亲子走读，共享沉浸体验

俗话说："读万卷书，行万里路。"阅读除了停留在指尖，还应拓展到脚下。自学生入学以来，以阅读为抓手，促进亲子共成长的活动一直在开展，阅读的深度和广度也在不断推进。对孩子而言，应该从书本中走出来，走到生活中去，让文字与生活的结合充盈精神世界。

作为班主任，我不断创新阅读活动的内容和形式。例如，通过亲子走读的方式，在行走中经历别样风景，构建和谐的亲子关系，共享沉浸式阅读的美好体验。

活动年级：二年级及以上

活动地点：博物馆、展览馆、美术馆等文化场馆

活动准备：阅读护照、行走阅读前置学习单

从二年级开始，每个学年我都会给班级每个家庭发放一本阅读护照，这本阅读护照能够记录每个家庭一学年的走读足迹。

班级亲子走读活动的目标定位为了解城市文化，感受城市底蕴。在阅读护照的设计之初，班级阅读会的家长们集思广益，整合了走读资源，设计了走读推荐地点、走读感悟分享、走读瞬间留念等板块，希望用小小的阅读

四 温暖亲情 强健身心

护照支撑起一整个学年的走读活动。

在班级里,小洁和她的父母非常喜欢走读的活动。每个学年的阅读护照,他们总是记录得特别详细。在几年的时间里,他们已经走过了南京大大小小数十个文化场馆。在南京市博物馆,他们了解到了南京城丰富的历史底蕴;在六朝博物馆,他们体会到了魏晋时期名士的风骨;在云锦博物馆,他们被云锦织造技艺所征服……阅读护照上的每一次记录,都是他们和这个城市进一步对话与融合的见证。

班级孩子的日常因有了走读活动而变得精彩,班级里的家庭也在这样的活动中,汲取了精神力量,形成了良好的家庭氛围,亲子共成长在每一次出发与回眸之中实现。

设计意图

阅读的内涵很广,形式也非常多样。班主任作为班集体的引领者,应当关注每个家庭的家风建设,帮助他们营造良好的家庭氛围。设计亲子走读活动,旨在打开班级学生以及家长的视野,让他们从书本中走出去,去进一步深度体会。同时,也要设计出一些辅助的工具和方法,如走读前置学习单、阅读护照等,让走读的活动不再流于形式,让脚步的丈量真正引发思考,让阅读的体悟更加真实与深刻,最终达到亲子共成长的目标。

活动三 亲子研读,厚植理想信念

欲知大道,必先为史;学史明志,知史励行。2021年是建党100周年,组织开展亲子研读"四史"(党史、新中国史、改革开放史、社会主义发展史)活动,对学生成长和家庭教育,尤其是对下一代的人格塑造有着重要意义。红色主题的亲子研读活动,有助于学校和家庭拧成一股劲,同舟共济,引领学生成长为有"中国心、世界眼"的时代新人。

活动年级:五年级

活动地点:家里、学校、主题实践基地

活动准备:推荐阅读书单;推荐影片目录

2021年是中国共产党成立100周年,为了能够让家长和孩子深入了解

真体验,真发展——班级特色活动设计

过往的历史,学习英雄人物,赓续红色血脉,我们班举行了共读"四史"主题教育活动。

为更好地凸显地区和学校特色,班级阅读会的家长们群策群力,拟在"四史"经典读本和学习框架内,重点关注与南京有关、与江北新区有关、与长江大桥等有关的主题及红色故事。并立足于南京的红色基地,围绕"宁聚精神"和"江桥文化",以读书会为载体,通过"指尖阅读"和"脚下阅读",展示"四史"教育,深入收集、学习、研读、感悟和传承"四史"精神。

首先,在成立班级读书会的基础上,组成多个研读小组,每个小组制定研读方案,确立研读的方向和内容,筛选"四史"读本及相关主题电影、微课、红色故事和基地,做好学习计划和分工,并由组长牵头带领本组的家长及孩子开展"四史"研读以及读书分享活动。

其次,积极按计划开展"四史"研读活动,开展个人研读、家庭研读和小组研读红色书籍活动,并结合暑期"红领巾假日小队"开展两到三次红色基地寻访,撰写学习心得并积极投稿。

最后,开展家庭读书分享和小组读书分享,利用假期开展"四史"学习总结和宣传,并通过班级群、班级读书会平台分享和推广"四史"精神和学习体会,努力构建亲子研读的范式。

"四史"经典主题参考读本有:《中共党史上的那些人与事》《大国追梦》《南京党史八十年》《钢铁是怎样炼成的》《林海雪原》《铁道游击队》《红岩》《闪闪的红星》等。

红色主题影视剧有:《建党伟业》《建国大业》《建军大业》《百团大战》《上甘岭》《觉醒年代》《长津湖》等。

主题纪录片有:《周恩来》《画说党史》《南京长江大桥》《奋进新时代》《为了和平》等。

主题实践基地有:南京博物院历史馆和民国馆、梅园新村纪念馆、南京长江大桥纪念馆、南京渡江胜利纪念馆、王荷波纪念馆等。

设计意图

在亲子共成长的过程中,最根本的就要树立正确的价值观。研读"四史",可以让家长和孩子全面了解中国共产党成立以来、新中国成立以来以

四 温暖亲情 强健身心

及改革开放以来的重大事件、重要会议、重要人物,了解中国共产党领导人民进行的艰苦卓绝的斗争历程,深刻理解我们当今的生活来之不易,不断从历史中感悟榜样的力量,厚植爱国主义情怀,做到知史爱党,知史爱国。同时,通过组建研读小组,以学习共同体的形式开展读书活动,能够给予家长和孩子充分的阅读自由,提升阅读效果。

相关链接

红色主题电影推荐及阅读护照模板,可扫码下载。

【活动反思】

阅读应该是伴随人一生的好习惯。从阅读入手,提高家长和孩子的学习力以及感受力是实现亲子共同成长的有效路径。不论是固定时间的亲子阅读,还是主题式的亲子研读,又或者是具有丰富体验的亲子走读,无疑都充实着每个家庭的精神生活。当然,亲子共成长涉及的方面还有许多,阅读只是其中的一种方法。在亲子共同成长的过程中,需要我们用心寻找每一个契机,抓住每一个瞬间。成长永远是未完成的,不论是孩子还是家长,都需要在不同的情境、不同的时间,找到最合适的方法,从而体会到亲子关系中别样的温情与趣味。

【专家点评】

从亲子共读,到亲子走读,到亲子研读,孩子们从听到看,从看到思,从思到行。系列的活动设计,既尊重不同学生的身心特点,呈现年段螺旋上升的特点,又尊重学生的学习规律,多感官调动、多途径介入、多维度深入,使得学生对阅读产生兴趣,并经过一定时间的积累,形成良好的阅读习惯与阅读趣味。同时,亲子在共读、走读、研读中,加强交流与互动,提升理解与默契,增进尊重与情感,和谐彼此关系。有书陪伴的童年充满书香,有父母陪伴的童年充满甜蜜,有书与父母陪伴的童年,才是幸福童年该有的模样。

五　好习惯受益终身

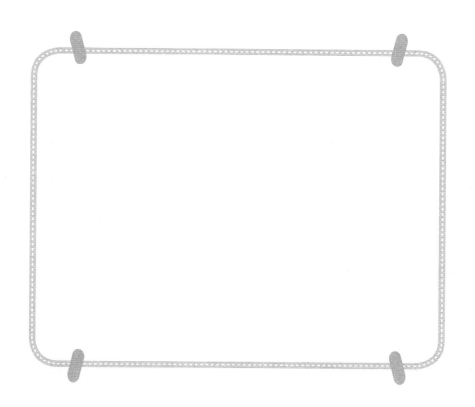

真体验,真发展——班级特色活动设计

1 我是劳动小能手

【活动缘起】

俄罗斯教育家乌申斯基说过:"教育不但应当培养学生对劳动的尊敬和热爱,它还必须培养学生劳动的习惯。"可见,劳动在人的一生中具有多么重要的作用。小学是学校教育的起始阶段,应该引导学生树立劳动的意识,培养学生最基本的劳动习惯。

如今,大多数学生都是独生子女,过着幸福又舒适的生活,极少参与家务劳动。所以,我准备在班级组织开展劳动教育活动,以此来提高学生们的劳动能力。劳动教育活动是很好的教育载体,它能帮助学生形成尊重劳动人民的品质,掌握一定的劳动技巧,养成良好的劳动习惯。

那么,怎样在班级中开展劳动教育活动呢?几年来,我陆续在班级中开展了自理能力劳动竞赛、班级试验田、"五一"奖章等活动,让学生体验到劳动的乐趣,认识到劳动的重要性,教育学生尊重劳动人民,珍惜劳动成果,珍惜父母的辛苦和劳动,更重要的是培养学生正确的劳动价值观和良好的劳动品质。

【活动设计】

活动一 自理大赛

生活自理,简单地说就是自我服务,自己照顾自己,它是一个人应该具备的最基本的生活技能。生活自理能力的形成,有助于培养孩子的责任感、自信心以及自己处理问题的能力,对其今后的生活也会产生深远的影响。

五 好习惯受益终身

活动年级：一、二年级

活动地点：教室、操场

活动准备：可爱小奖品、家长评委、一个记录孩子们成长的相机

2019年,我新接手二年级。以前我一直教的是高段,对低段的孩子了解并不多。教了这个班以后,我惊讶地发现,很多孩子缺乏自理能力,比如,他们做操或者上体育课的时候,运动鞋的鞋带是散的。原来,他们的鞋带是早上爸爸妈妈系的,到了学校不小心弄散了以后,有些孩子就系不起来了。有的孩子书包里的书本和文具乱七八糟,到了上课的时间,他们东找西找,不能很快地找到上课需要用的书。中午吃饭更是一团糟,桌上经常出现泼洒的汤汁和掉落的饭粒,吃完饭也不会收拾。这些画面,触动我开始思考,孩子平常大多数的时间都是待在学校,不能光靠家长来培养孩子的自理能力,学校除了是学习文化知识的场所,也应该是培养孩子生活自理的地方。想到这,我决定拿出一些班会课的时间,用生活自理竞赛的形式,对孩子进行生活自理的训练。那么,第一次自理大赛就从系鞋带开始吧!在比赛的前一个星期,我就在班上大力宣传,对比赛中获得优异表现的给予奖励,以激励学生们在课后多多练习。也许是我的宣传起到了一定作用,孩子们在晚上写完作业后,都会练一练系鞋带。有些能力强的孩子甚至还在网上学习了花样系鞋带,系出了花样,系出了个性。

很快,到了比赛的这一天。我邀请了几位家长担任评委,把学生分为若干个小组,由家长计时。随着一声哨响,激烈的比赛开始了。当孩子们麻利的小手上下翻飞的时候,我非常感慨,就在一个星期前,他们系鞋带还很生涩,现在竟然这么熟练了。比赛的结果是次要的,可比赛给孩子带来的收获是很大的,孩子们在快乐中又掌握了一项实用的技能。

像这样的竞赛,我还利用班会课组织了很多次,如整理书包大赛、叠衣服比赛、整理抽屉比赛等等。通过一次次的比赛,孩子们从劳动中学会了做事的技巧和方法,自理能力逐渐增强,我由衷地为他们感到高兴。

设计意图

如果单纯地对孩子的生活技能进行训练,孩子可能会有抵触情绪。我

真体验,真发展——班级特色活动设计

通过以赛促练的方法,让孩子们在比赛的竞争和激励当中,主动地训练自己的生活技能,变成了生活的能手。

活动二　班级试验田

高尔基这样形容劳动:"我知道什么是劳动,劳动是世界上一切欢乐和一切美好事物的源泉。"班级是班主任和孩子们组成的大家庭,这个大家庭应当是欢快的。孩子们的小学时光是短暂的,可少年时期的快乐将是他们一生最难忘的回忆。劳动是班主任跟孩子们共同创造欢乐的最好方式之一。小小生态种植园就这么孕育而生了。

活动年级:二年级

活动地点:教室后面的空地

活动准备:劳动工具、一个记录孩子们成长的相机、鼓励孩子们的小奖章

2020年3月,孩子们的二年级已经悄悄地过去了一半。脸上虽然还充满稚气,但行为上却显露出小大人的模样来。一个小朋友有困难了,其他同学会去帮忙。如果谁犯了错误,也能够勇敢地承认并且道歉。在一声声甜美的"老师早"里,我不禁感叹孩子们在一天天长大。不仅仅在学习上,在生活上他们也学到了许多,越来越懂事了。

孩子们主要的活动场所是在学校里,怎样让他们接触大自然,接受更多的劳动锻炼一直是我思考的问题。学校教学楼后有一块空地,如果在这里申请一块菜地,孩子们种上不同季节的菜,不但能增长见识,又能通过劳动体验到劳动果实的甜蜜。说干就干,我向学校申请了这块空地作为我们班的"自留地",并组织学生为班级菜园取名,孩子们的兴致非常高。在大家的协商下,我们给小菜园起名为"小小生态种植园"。

孩子们根据自己的兴趣,组成了种植不同蔬菜的活动小组,各自做好分工,选好组长与记录人员。各小组先咨询家中有种植经验的家长,再集体购买菜苗和肥料,并制定种植养护计划。种植前同学们反复讨论,设计班级耕种的品种、方式。通过精心挑选,承载着希望的幼苗被种在了肥沃的土地里。

五 好习惯受益终身

孩子们不怕苦、不怕累,带着新奇和期待积极参加种植劳动。每天清晨、课间,孩子们都要去"小菜园"里观察、浇水、锄草。种植过程中,对出现的一些问题,他们通过查找资料、向家长顾问及老师请教等多种渠道,寻找解决的方法,使农作物正常生长。同时,做好图片、视频等资料的收集工作。每个种植小组的同学都有一本观察记录本,对实践过程中出现的新问题,我鼓励他们积极探索,努力解决。

孩子们在学校种菜看似"不务正业",其实是在释放天性、培育劳动能力和责任心。家长们对此也都纷纷点赞,有的家长不仅赞助菜种、肥料等,有时间还会担任义工,协助种植,给孩子们提供技术支援。曾经有一位家长在班级群里分享:"我们非常乐意让孩子参与种植全过程,孩子以前不怎么喜欢吃青菜,在学校种菜后,孩子亲近自然,通过自身努力种出菜,使他感受食物来之不易。后来,他挑食的习惯也慢慢改变了。"

设计意图

种植蔬菜的过程,可以很好地促进孩子身心的全面发展。在种植蔬菜的时候,小朋友也会亲身体验到种植的乐趣以及蔬菜的来之不易,从而学会珍惜一切辛苦奋斗得来的成果。种植的过程是辛苦的,也是漫长的。孩子们自己查资料、浇水、施肥,待小小菜秧长成绿油油的蔬菜时,大家既欣慰又自豪。从集体劳动当中,孩子们学会了付出,学会了等待,品尝到了劳动的滋味。劳动创造美,劳动更能培养吃苦耐劳的良好品质。通过劳动,孩子们知道了农作物不同的种植方式及其生长过程。这样,孩子们既掌握了劳动技能,又体会到了农民的辛苦。

活动三 五一,我们在行动

想让每一个同学都能发自内心地热爱劳动,并不是一件很容易的事。很多家庭对孩子非常宠溺,几乎从不要求孩子参与家庭劳动,孩子大多是衣来伸手,饭来张口。所以,应当先从思想深处入手,唤醒他们对劳动新的认知,进而在劳动实践中,逐步感受到劳动的乐趣。乐趣是进步的第一动力。同时,要从班级走向学校,从学校走向社会,将劳动之花绽放到更广阔的天地,将劳动之美传播到每一个角落。

真体验,真发展——班级特色活动设计

活动年级:三、四年级
活动地点:教室、校园、敬老院、社区等
活动准备:常用劳动工具,如抹布、笤帚、拖把等

此次活动要从五一前夕的那次班会说起。五一是劳动者的节日,是举国欢庆表彰劳动者的日子。如果能以此节日为契机,对孩子进行劳动教育,这不是很好的机会嘛。班会课上,我请孩子们分享自己平时比较擅长的劳动技能。有的同学说他擅长拖地,经常被妈妈表扬;有的同学说自己的房间都不需要父母收拾,自己叠被子、拖地、倒垃圾,全是亲历亲为……

在此基础上,我组织大家讨论,我们教室有哪些需要改进的地方。同学们非常活跃,有的站起来,四下张望说,教室后面有卫生死角,墙壁不太干净,需要擦拭。有的用手摸一下窗户玻璃,摇摇头说,灰太多了,得好好擦……同学们很快达成共识,决定分成几个劳动小组:一组负责擦玻璃,一组负责教室墙壁的清洁,一组负责门外走廊栏杆的清洗……经过全班同学的辛苦劳动,班级内外焕然一新。

从那以后,我们班的劳动小组就没解散过。除了做好本班的日常卫生,劳动小组还分头在校园里寻找需要美化的地方。有的小组发现,学校围墙墙脚有一些破砖烂瓦,很不美观,于是就带领小组成员,笤帚拖把齐上阵,将围墙墙脚收拾得干干净净;有的小组发现,学校足球网破了,于是从家里带来绳子,将破的网重新补好;有的小组看到学校垃圾桶边上,总有零散的纸张和饮料瓶,就主动清扫倒进垃圾桶……每当他们完成一次"义举"之后,我总能从他们天真的脸上发现自豪的神色,这就是劳动给他们的享受。可以说,劳动已然成为一种良好的习惯,融入到他们的血液里。

除了校园里的劳动,孩子们还主动申请,请我联系当地敬老院、社区等作为志愿劳动基地。同学们利用周末和节假日,小组各成员带好工具,定期去敬老院帮爷爷奶奶打扫宿舍和院子,去社区帮忙张贴标语。

从班级到敬老院、到社区,不只是简单的地点改变,真正改变的是同学们的思想和精神——一种小我到大我的提升,一种爱己到爱人的觉醒。在劳动中,他们领悟到了书本上没有讲透的道理,这就是苏霍姆林斯基所说的

五 好习惯受益终身

"思想存在于劳动之中"吧。

从身边做起,培养劳动的意识,养成劳动的习惯,从中收获进步,收获快乐。更重要的是,同学们意识到,所有的付出都有对等的回报,汗水不会白流,辛勤必有回响。形成良好的劳动习惯和品质,对个人和集体都是一种相互成就。自我付出劳动,劳动成就自我。在此基础上,他们还懂得了努力学习文化知识同样也是一种精神和思想的劳动。只要敢于拼搏,勇于流汗,也一定能收获丰硕的知识,成为学习这一门劳动课的小能手。

设计意图

通过实践,学生感受到劳动的辛苦与快乐,养成热爱劳动的良好习惯,从而成为一名光荣的劳动者。在这过程中,教师要培养学生尊重劳动的意识,尊重自己的劳动,也尊重别人的劳动,尊重每一位辛勤的劳动者。

【活动反思】

活动的成功组织,绝非一夕之功。班主任必须有足够的耐心,才能陪伴孩子们成长,见证他们的进步。让孩子懂得劳动的意义容易,但真正做到主动进行劳动实践,并非易事。尤其是对一些从小被宠溺的孩子来说,如何使他们从厌恶劳动到喜欢劳动,是一个漫长的过程,更是一场美丽的等待。不吝惜表扬和鼓励是促进他们进步的润滑剂。班主任要静待花开,看见和肯定他们的一点点进步,直到他们都变成热爱劳动的小能手。

【专家点评】

本系列活动,包含着低年级的自理劳动小技能活动、中年级的班级自留地耕作小实践活动、高年级的校外劳动服务三个层面的内容。在学会自理、"自己的事情自己做"等活动中,孩子们学会了一些照顾自己的小技能,并初步体验劳动带来的小成就。在班级自留地的劳动实践活动中,孩子们经历给自己的劳动小组起名字、分工负责、选择适合的种子等环节,然后亲自体验农田劳作的艰辛与愉快。在这样的劳动中,有合作、有选择、有创造,孩子们体验到的是最真实的劳动滋味。五一劳动节前夕,开展系列的劳动实践,有校园劳动体验,有敬老院的服务体验,有社区的公益劳动体验,孩子渐渐学会用劳动向世界开放自己,用劳动来获得通往未来的钥匙。

在孩子们逐渐长大的过程中,班主任老师引领着孩子们从关注自己、关注班集体,到关注周围、关注社区,他们的眼睛逐步看向远方,他们的心灵也逐步向世界打开。

2 我是安全小卫士

【活动缘起】

众所周知,对企业而言,安全是第一法则:生命高于一切,安全重于泰山。对小学生来说,安全更是头等大事。任何一次小小的疏忽,都可能造成不可挽回的损失。相关新闻屡见不鲜,令人痛惜,令人深思,也令人警醒。

因此,如何提高小学生的安全意识,有效防范和避免危险的发生,是整个学校和全社会都必须直面的现实问题。鉴于此,我们开展了"我是安全小卫士"的主题活动。

【活动设计】

活动一 李队长说交通

小学生的安全问题涵盖很广,如预防溺水、防火防电、交通安全、防骗防拐、食品安全、防电信诈骗……本次活动,有针对性地选择其中最为迫切的安全问题——交通安全进行主题教育活动。通过邀请相关专业人员,利用多媒体平台,让学生看到忽视安全的可怕后果,从而有效地提高小学生的安全意识,并能举一反三,触类旁通,全面提升他们发现安全隐患的能力,培养他们避免危险的生存技能。

活动年级:三、四年级

活动地点:教室、十字路口、操场

活动准备:相关安全视频,邀请校外专业人员

五　好习惯受益终身

　　从小,家长就教育孩子"红灯停,绿灯行",每个同学也都能背得滚瓜烂熟。但是,现实中的交通事故每天都在发生。其中,就有许多事故是因为小学生过马路"鬼探头",或者乱闯红灯造成的。因此,我们特别请来了交警大队的李队长,给同学们讲解过马路的安全技巧。

　　当身穿制服的李队长出现在教室里时,同学们顿时激动起来,一个男同学调皮地喊道:"好帅哦!"惹得教室里一片笑声。但随着李队长的视频展播,一起起让人惨不忍睹的交通悲剧,让大家瞪大眼睛,脸上再也没有刚才笑嘻嘻的表情。李队长语重心长地说:"会不会有同学觉得,这是别人的悲剧,自己绝对不会发生。也许,这些悲剧发生之前,每一个人都是这样自信的。所以,我们要从别人的悲剧中吸取教训,不能过于自负,疏忽大意。"大家都若有所思地点点头。

　　随后,李队长给同学们分类讲解了几种常见的交通错误行为,如什么叫"鬼探头",什么叫"视觉盲区"。

　　最后,全班排队集合,在李队长带领下来到学校附近的十字路口。李队长现场演示什么是"绝对安全",什么是"不太安全",什么是"绝不安全",并分组逐一实践体验,要求所有同学务必做到"绝对安全",才可以安全过马路。李队长最后强调,不能在"不太安全"时赌博式冒险,更不能在"绝不安全"时贸然移动。

　　这只是本次安全活动的开始,而远非结束。此后的每一天,同学们都严格遵守李队长的安全原则,互相监督。

　　班长还创作了一首交通安全的诙谐版顺口溜,并在全校周一升旗仪式上朗读并逐句讲解。他希望全校的同学都能确保自身的交通安全,并能监督其他同学。人人安全,才是最大的安全。

　　班长的朗诵,反响非常热烈,很快全校的同学就背熟了。甚至有同学感慨:"英语单词要是也这样诙谐,我敢保证从此以后每次默写第一。"

　　学校趁热打铁,借机举办"我和父母讲安全"的征文活动,得到家长的大力支持。经过评比,评选出二十篇佳作。从征文中可以看出,同学们的安全意识有了很大的提升。

设计意图

生命是宝贵的,但生命也是脆弱的。如何安全地生存,这是最基础的需求。本次活动,旨在从身边最常见也是最容易出事的交通安全入手,由此及彼,让学生领悟到几个道理:一是不以身犯险,二是不麻痹大意,三是要持之以恒。俗话说,"一万次的小心翼翼,顶不过一次的疏忽大意"。所以,安全教育不是三天打鱼,两天晒网,必须一以贯之。本次活动采用理论与实践相结合的方法,由专业人员讲解,更具有说服力,比父母、老师纯理论说教更深入人心。再则,宣传的手法讲究灵活性和创新性。比如,本次活动中的诙谐顺口溜和征文活动,为安全教育增光添彩,使活动更加完满。

活动二 地震演习

地震应急综合演练(地震演习)是学校对地震应急处置工作的一次探索和尝试,是学校对师生安全防范意识的一次强化,是提高师生安全逃生能力的一次实地演练和培训。演练活动是对学校校园突发安全事件应急预案的一次检验,也是对地震应急疏散等方面自护自救知识的一次深入学习和实践。

活动年级:三、四年级

活动地点:教室、操场

活动准备:地震相关知识准备、地震警报员

为强化孩子的安全意识,提高孩子在遇到重大突发事件或重大自然灾害时的紧急避险、应急疏散、自救自护的应对能力,我们班于4月30日组织全体学生开展了地震应急疏散演练活动。

在演练开始之前,我给班上同学简单地普及了地震知识,并介绍了几种地震中逃生的方法。让大家对地震、逃生有了进一步的认识。

13时30分,随着第一次"地震警报"信号的发出,我迅速做出反应,立即告知学生"地震来了,不要慌",并指挥学生迅速抱头,躲在各自的课桌下或课桌旁;尽量蜷曲身体,降低身体重心,并尽可能用书包保护头部;身体采用卧倒或蹲下的方式,使身体所占空间尽量小;躲到桌下或墙角,以保护身体不被砸伤,但不要靠近窗口。

五　好习惯受益终身

"强震"过后，随着第二声"地震警报"信号发出，我让靠门的学生立即把门打开，分一路纵队有序地从前后门撤出。学生在我的带领下有秩序向楼下撤离，按照预定的疏散路线，双手抱头迅速有序撤离到事先指定的地点。

活动结束以后，我对在疏散演练中出现的问题进行了反馈，强调规范的逃生程序和动作要领，并要求孩子们一定要高度重视应急疏散演练，这样才能在突发情况下保障自己的生命健康安全。

设计意图

本次演练活动，不仅是对校园突发安全事件应急预案的一次检验，而且有效提高了师生实际应对和处置突发安全事件的能力，进一步增强了广大师生地震防灾安全意识，使其真正掌握了在危险中迅速逃生、自救、互救的基本方法，提高了抵御和应对紧急突发事件的能力。

通过演练，学生进一步了解地震逃生、疏散等应急避险知识，掌握有效逃生方法，训练逃生技能。

活动三　公交车应急疏散演练

在生活中，每个孩子几乎都有挤公交车的生活经历，挤公交车甚至还是不少孩子每天生活的一部分。用"委屈"来形容挤公交车很贴切，因为每天上下学高峰时间及节假日的公交车内部空间，基本可以用见缝插针来形容。公交车的拥挤存在着巨大的隐患，怎么来预防这些隐患呢？这是孩子们平常所缺乏的知识。

活动年级：一到六年级

活动地点：教室、操场

活动准备：公交车失火相关知识准备、公交公司专业人员

为了进一步加强对孩子公交车安全知识的宣传和教育，提高学生乘车的安全意识和防范能力，增强应对突发灾害事件的心理素质，做到沉着冷静、科学应对，6月20日上午，我在班级中开展了"公交车应急疏散演练"活动。此次活动特别邀请到了扬子公交集团的张叔叔。

张叔叔向同学们详细介绍了公交车起火时的三种逃生方式，分别是：车

真体验,真发展——班级特色活动设计

门逃生、车窗逃生、车顶通风口逃生。他展示了车门应急开关与安全锤的位置、一般原理和使用方法,学生们听得非常认真。张叔叔告诉孩子们,如果车门可以正常开启,则尽可能快地从车门处逃离。如果无法正常开启,乘客可以利用车门上方的应急开启按钮及时打开车门。

现在公交车的车窗都是可以打开的,如果现场情况紧急,车窗打不开,应急开关也不能打开车门逃生,这个时候乘客可使用安全锤。他建议,在使用安全锤时,应该用安全锤的锤尖,迅速猛击玻璃的四个角落。当玻璃被砸出一个小洞时,就会从被敲击点向四周开裂,呈现蛛网状。乘客可以用脚将玻璃踹开,跳窗逃生。如果没有找到安全锤,可利用硬物如高跟鞋、钥匙等砸碎车玻璃逃生。

张叔叔还提醒大家,逃生时要用毛巾或衣物遮掩口鼻,俯身低姿行走,切忌大喊大叫,以免吸入烟雾导致呼吸道和肺脏损伤。如火焰封住了车门,用衣服蒙住头部,从车门冲下。

接着,张叔叔现场模拟了公交车逃生的整个过程,孩子们积极参与,明白了遇到火情要沉着冷静,用衣服捂住口鼻,并在驾驶员叔叔阿姨的指挥下有序逃生。

这次演练活动生动形象,孩子们在体验中学习到了公交车失火自救的方法,希望他们能把学到的知识传递给更多的人。

设计意图

班级有一部分孩子上学放学的交通方式是乘坐公交车,公交车相对来说比较安全,很少有事故发生,所以很多家长容易忽视对孩子乘坐公交车的安全教育。但每到夏天,有关公交车发生自燃事故的新闻时不时会出现。其实,无论是公交车还是其他车型,一旦发生火灾,后果都是无法预测的。面对火灾,我们到底该如何逃生?乘客应该怎么做?公交车上又有哪些逃生口和逃生工具呢?鉴于此,班级开展了公交车应急疏散演练,希望通过演练教会学生发生火灾时正确的逃生方法。

【活动反思】

在日常生活中,总会有一些小磕碰,作为教师,我们要善于捕捉,善于调动学生从网络、电视中去收集这些真实的素材,把它们运用到我们的安全教育中来,并通过实例展现、小组讨论、分享收获、制作手抄报等形式,帮助学生提高安全防范意识。

【专家点评】

随着孩子们的长大,活动场域的扩大,安全隐患越来越多。如何守护一个个脆弱而鲜活的生命,是我们成人最关注的问题。班主任从熟悉的道路交通安全,到偶发的校园地震疏散,再到公交车起火疏散,从日常生活中的小安全,到重大应急事件中的处理,用最常见的听"李队长说交通"及"疏散演练"等形式展开教育活动。其中,既有充满刚性原则的规则教育,又有充满温度的珍爱生命教育,更有逃亡自救技能训练,有说教、提醒、警示,更有亲身的实践技能体验。可以说,这一系列体验活动的设计与组织,是最实用的安全教育模式。

3 我是学习小标兵

【活动缘起】

小学阶段知识学习固然重要,但学习成绩的好坏不应该成为衡量学生的标准。在评价中,我们要关注到学生在某个学科方面的专长,关注到学生实际的进步。为此,我开展了"我是学习小标兵"系列活动。

【活动设计】

活动一 走进南京信息工程大学,了解大气与环境

我班至元同学的妈妈是南京信息工程大学的老师,这所大学的大气科学专业是王牌专业。怎么利用家长的资源让孩子接受免费的气象科普,使同学们在云卷云舒、电闪雷鸣、互动娱乐中学习气象知识,培养自我防护意

真体验，真发展——班级特色活动设计

识呢？为此，我联系了这位家长。至元妈妈非常支持我的想法。于是，在5月19日上午，我们二(4)班的孩子们，走进南京信息工程大学的大气与环境实验教学中心，参加"科技强国、科普惠民"科普开放日活动，由至元妈妈和大学生志愿者担任解说和授课老师。

活动年级：三、四年级

活动地点：南京信息工程大学

活动准备：做好活动方案；大学生志愿者做导游；气象科学系老师授课；学生记录

"天气预报是怎么做出来的？""雷达和气象卫星是什么？""冻雨、雷电、台风、雾是怎么产生的？"上午9点，活动还没正式开始，同学们就迫不及待地在展板前讨论开了。"咦？这张图片是什么意思呢？""这段文字怎么理解呢？"同学们很困惑。待活动正式开始后，至元妈妈一一道来，给大家答疑解惑。至元妈妈针对孩子们感兴趣的问题，在气象台的会商大厅，用简单易懂的图片和动画，深入浅出地将天气预报的发展史展现给同学们。

同学们结合日常生活中的体会，积极举手发言，兴高采烈地互动着。在有奖竞猜环节，同学们积极抢答，主动将问题与至元妈妈讲解的内容联系起来，活学活用，正确率非常高。孩子们在轻松愉悦的氛围中增长了知识，开阔了眼界。

此外，至元妈妈还组织同学们开展精彩纷呈的互动游戏，考考大家知道多少跟天气有关的小常识、古诗词和歌曲。瞧，我们未来的小主人们既学到了气象知识，又拿到了小奖品，别提有多开心了！

接下来同学们参观了国家级大气科学与气象信息虚拟仿真室，同学们体验了云中漫步和防雷避险虚拟实景两个项目。云中漫步借助VR(虚拟现实)设备等开展沉浸式体验，同学们如遨游云中，观察各种云的形态特征。防雷避险虚拟实景利用声光电原理，结合现场造景让大家直观了解、感受和体验如何在雷雨天气里室内、室外和野外防雷避险。

在气象观测基地的活动主题是"测风云变幻，报人间冷暖"。在这里，同学们不仅参观了地面气象观测场，体验了常规测报业务流程，还近距离操作

了气象观测仪器和气象仪器检定设备。同学们自己动手参与到观测实验中,填写观测记录。填写优秀的同学均获得了一张"小小优秀气象观测员"的荣誉证书。

通过此次气象科普活动,同学们在云卷云舒、电闪雷鸣、互动娱乐中学习了气象知识,培养了自我防护意识,拓宽了自然科学知识面,激发了探究气象科学的动力。总之,活动对培养同学们热爱自然、敬畏自然,从而保护自然的意识具有重要意义。

设计意图

普及科学知识是推行小学素质教育的重要组成部分,它能够更好地帮助小学生了解和认识客观世界,使得他们能够用科学的眼光去探索社会与生活,进而体现出小学科学知识教育的特色。然而,很多老师和家长忽视对孩子科学素养的培养,过多地关注孩子语数外的学习。其实,孩子的学习不能局限于语数外的学习,其他学科的学习也一样重要。本次活动以进入大学学习气象科学知识为契机,让孩子体验到科学知识的神奇和魅力,在心中埋下学好科学的种子。

活动二　走进"儒香文化"大观园

中华优秀传统文化是中华民族的精神命脉,是涵养社会主义核心价值观的重要源泉。优秀传统文化的传承在小学教育中发挥着非常重要的作用。班级可以开设唐诗、宋词、经典美文欣赏课,开展诗歌朗诵会、古典文学常识小擂台、古诗文赏析等活动,挖掘蕴藏在中国古典文学、艺术、民俗等中的真善美。我通过"儒香文化"教育活动,引导学生在与古代圣贤经典的对话中"诵千古美文,做少年君子"。

活动年级:一到六年级

活动地点:各班的教室

活动准备:古诗闯关题、趣味成语题、奖励学生的小奖章

12月30日,一年一度的班级"儒香文化"大观园又一次迎来了诗意的"开放",有"古诗闯关""趣味成语""书法天地""汉字听写"等舞台。学生们

真体验，真发展——班级特色活动设计

通过一段时间的累积，终于可以在诗意的舞台上一展风采了。他们纷纷拿出平日所学，认真对待，奋力争先。他们有的在"大漠孤烟直，长河落日圆"的对诗中沉稳对答，或者被"趣味成语"的谜题所困惑，抑或在"书法天地"中认真地描摹每一个笔划。在历时一个多小时的层层闯关中，孩子们沐浴着经典的芬芳，尽情在古典中寻芳。每过一关，手中的游园卡上就增添一笔骄傲的积分，向小探花、小榜眼、小状元就更进了一步。

本次活动的开展，对学生而言，巩固了课程标准中必备古诗的诵读和记忆，延伸了校本课程古诗词的背诵。同时，提高了学生的综合素养，凸显学校国学教育特色，使学生对经典文化的兴趣得到进一步提高。"诗意种童蒙，养正正当时"。在优美的诗词的熏陶下，学生的文化功底得到了积淀，启智、养正、涵雅渗透到了孩子整个学习成长过程之中。

设计意图

在小学语文教学中，古诗词教学占有非常重要的地位。古诗词是中华民族经过漫长历史留下的文化宝物，对小学生而言，学好古诗词可以从内在提升其文学修养，促进其健康成长。所以，小学阶段的学生应当把古诗词牢牢掌握，让自身的爱国情感、民族自豪感，自身的文学气质都得到大幅度提升。

活动三　单科、副科之星都是星

什么叫标兵？标兵就是可以作为榜样的人或单位。学校标兵，就是在学习上或其他某些方面，有可以让同学赞赏和效仿的地方。

学习是一个综合又系统的过程，智力因素与非智力因素同时在起作用。智力因素通常是指记忆力、感知能力、观察力、思维能力、注意力、想象力等，即认知能力的总和。非智力因素是指智力因素以外的一切心理因素，包括需要、兴趣、动机、情感、意志、性格等方面。

那么，我们的活动目的就是，让学生在以上诸多能力中，发现自己的优势能力，不断提升，成为其他同学认同和学习的榜样。同时，发现自己的劣势能力，并从其他同学身上吸取经验，取长补短。通过相互学习，不断完善自我，实现学习能力的最优化。

活动年级：三、四年级

五 好习惯受益终身

活动地点：教室为主

活动准备：成立合作小组，用作奖品的各种学习用品

  学习标兵一定是全能、科科出色吗？非也，在我们班学习标兵也可以是单科优异，甚至是副科成绩优异的学生。小宋就是这么一个男孩，他长得很结实，是班上的领操员。虽然他语数外成绩平平，可是电脑玩得很好，他很喜欢上信息课，老师上课教的东西他一学就会，还能举一反三。课余他还要求父母给他报电脑编程班，还自学电脑绘画。凡是和电脑有关的东西，他都很感兴趣。在区里的创客大赛上，他还荣获了区一等奖的好成绩。

  学期末，我们一般都会给语数外成绩优异的孩子表彰，对副科出色表彰的几乎没有。我想在这次期末家长会上给小宋一个惊喜。我的家长会比较特别，孩子和家长一同参与。家长会上，我向家长介绍了一下小宋在电脑上取得的成绩，并让小宋把在区里的创客作品播放给家长看，同时阐述一下自己的创作构想。小宋刚开始还有点胆怯，慢慢地就放松下来了，他把自己的创作构想有条理地阐述给家长听。虽然想法还不免稚嫩，作品还显粗糙，但这又有什么关系呢？家长们一遍又一遍地给这个小伙子鼓励的掌声。家长会后，小宋的家长眼含热泪地拉着我的手，感谢我给孩子展示的平台，感谢我给孩子建立自信的机会，我感觉自己又做了一件有意义的事情。

  表扬也需要有创新。我们平常表扬比较多的是学习成绩突出的孩子，对那些学习有进步的孩子大都停留在口头表扬上，或者因为考试成绩不突出，即使有点小进步也忽视了。而在我们的班级里，不是这样的。其实，学习有进步的孩子比一直优异的孩子更可贵。在我们班，语文每个单元学完后，都会进行一次知识考察，每次考察结束，我都会把孩子的分数和位次悄悄记录下来。对有进步的孩子，我都会进行奖励，那么，什么叫有进步的孩子呢？我希望每个人不和其他人比，而是和自己比，凡是比以往有所进步的孩子，就是我眼中的学习标兵。

  第一次接这个班的时候，孩子们是三年级。第二次知识考察结束我悄悄准备好了奖状和奖品。当小美第一次接过我手中的奖状和奖品的时候，她眼中有一丝疑惑，其他孩子的眼中也满是疑惑。是的，她为什么能拿奖状

真体验，真发展——班级特色活动设计

和奖品呢？我摸摸她的头告诉大家，学习标兵不一定是班上的前几名，我们不和他人比，我们就和自己比，只要比上次有所进步，你就是我眼中的学习标兵。你比上次进步了，这个学习进步奖，你当之无愧。小美激动地拿过我手中的奖状和奖品，这是她第一次在学习上获奖。后来在周记里，她也写到了这件事，她说学习不算好的她，能拿到这个奖对她是个巨大的鼓舞，她将继续努力，不断超越自己。后来，我在每个月的考察结束后都会对有明显进步的孩子发小奖状和小奖品。是的，表扬需有创新，让努力的孩子感受到成功的喜悦，这就是我的目的。也许他们不一定出类拔萃，也许他们的位次并不高，但他们有一颗孜孜求知的心，他们就是我眼中的学习标兵。

【设计意图】

孔子说："三人行，必有我师焉。"每一个同学都可以成为别人的老师，也会成为别人的学生。同学们应该相互促进，共同提高。在互相学习的过程中，还可增进同学之间的友情，使班级氛围更为融洽，更为和睦友善。同时，个体的进步，必将带动集体的进步。以点带面，百花争艳，才能满园春色。

【活动反思】

我们必须承认，同学之间的素质和能力差别是很大的。但是，我们必须平等对待每一个学生，从每一个学生身上发现亮点。做标兵并不容易，能成为公认的标兵，微乎其微。但是，我们必须鼓励并唤醒他们争当标兵的勇气，这才是本次活动的目的。

【专家点评】

广义的学习，是指人在生活过程中，通过获得经验而产生的行为或行为潜能的相对持久的方式。作为一种获取知识、交流情感的方式，学习已经成为人们日常生活中不可缺少的一项重要的内容，尤其是在21世纪这个知识经济时代，自主学习、广泛学习、终身学习已是人们不断满足自身需要、充实原有知识结构、获取有价值信息，并最终取得成功的法宝。对于中小学生而言，学习生活的丰富，体现了学生学习的广度。班主任老师充分利用家长的资源，带领学生走进高校，体验高校中科学实验教育；带领学生参加校园里

五 好习惯受益终身

的传统文化大观园活动,体验并欣赏古诗词的魅力;带领学生回到课堂学习,用及时并正向的评价与激励,令其体验学习成功的喜悦。学习成为成长的一种需要,成为生活的一种习惯,成为获得精神愉悦的不二法门。苏霍姆林斯基说过,儿童的心灵是敏感的,它是为着接受一切好的东西而敞开的。周围世界均是儿童学习的资源,因而为他们的学习准备好的资源,营造好的氛围与环境,是我们成人的责任。

4 我是运动小达人

【活动缘起】

法国启蒙思想家伏尔泰的名言"生命在于运动",揭示了生命和运动之间的内在联系。

运动为健康之本。运动不仅能增强体质,使人身心愉悦,更能使人胸怀坦荡、朝气蓬勃、神采飞扬,更加乐观豁达地面对生活。

对正在长身体的小学生而言,运动的意义不言而喻。试想一下,如果校园里没有运动的身影,没有运动的激情呼喊,没有运动汗水的挥洒,只有一群蜷缩在教室里的呆板的孩子,那还是一个充满阳光和朝气的文明校园吗?

鼓励学生走向运动场,科学引导并发现学生的运动天赋,是我们班主任的重要责任。让校园活跃着孩子们运动的身影,让校园充满运动的欢声笑语吧。

【活动设计】

活动一 班级啦啦操联赛

校园啦啦操联赛是学校的特色,怎样把这项特色活动变成班级的特色,一直是我考虑的问题。我结合学校的规定动作让孩子自主编排队形,选择音乐和服装在班级开展"联赛"。比赛的结果是次要的,主要的是借啦啦操的训练过程锻炼孩子的身体素质,提高孩子的团队精神。

真体验，真发展——班级特色活动设计

活动年级：一到六年级

活动地点：操场、体育馆

活动准备：可爱小奖品，家长评委，老师评委，一个记录孩子们成长的相机

5月20日，是一个充满爱意的日子，也是一个绚丽的日子，今天美丽的鲜花绽放在学校的赛场上。下午1时30分，我宣布，班级啦啦操联赛在春日融融中开幕了。

小啦啦操队员，经过多日训练，在这天如五月的鲜花，争奇斗艳，绽放异彩。随着极具感染力的啦啦操音乐《我相信》播放，孩子们以自信而张扬的精神面貌陆续上场，青春在律动中燃烧，一场激情的盛宴在欢乐中开启。

本次大赛的裁判长为全国啦啦操一级裁判员、全国啦啦操一级教练员崔老师。我还邀请了音乐、体育、美术等学科老师组成裁判团队。

赛前，各组高度重视，积极组织训练，家长们还有平时的"门外汉"纷纷行动起来，成为教练员和舞美设计师。队形队列、服装花球、化妆造型，他们无不做到细致入微甚至完美。

开赛之际，在蓝天白云下，他们有的稚嫩可爱，有的奔放稳健，让人精神为之振奋。学生们整齐划一的动作、新颖的编排充分展示了各个组的智慧和团队的力量。精彩的亮相，引爆全场，欢声雷动。

孩子们带着阳光的笑靥和炫酷的风采，扮靓校园；也带着律动的火焰，追逐着健康快乐的美好愿景迈步向前。

设计意图

我们学校是啦啦操特色学校，自啦啦操队成立以来，学校体育组的老师带着孩子们一路披荆斩棘，获得了省市区的奖项无数。可以说，每个孩子都以啦啦操为荣。组织班级啦啦操联赛，班主任和孩子们根据学校的规定动作，自己设计队形、设计动作。在此全员参与的过程中，孩子们的天性得到了释放，孩子们的身体得到了锻炼，孩子们的意志得到了磨砺，孩子们吃苦耐劳的品质得到了培养。

活动二　校园广场舞

我们学校比较重视孩子的安全,课间严禁孩子奔跑打闹。学校让各班开发一些课间文明游戏,在校园进行推广。我们班的课间文明游戏是什么呢?说起来你可能不相信,我们班的课间文明游戏是校园广场舞。想到这个活动是因为受一则新闻的启发:一个学校的校长早操时间带领孩子跳鬼步舞,后来这个视频在全国都火起来了。

活动年级:五、六年级

活动地点:教室走廊、操场

活动准备:一台小小音乐播放器、一个记录孩子们成长的相机

班上有很多孩子平时参加体育锻炼的时间比较少。因此,有些孩子体育成绩达不了标,有些孩子天气稍有点变化就感冒咳嗽发烧。作为班主任,看到这个现状,我也是急在心里。正好学校要求各班课间有序地开展文明游戏,我想能不能把孩子的课间时间利用起来,让他们锻炼身体呢?课间如果利用上了,追跑打闹就会少了。这样既锻炼了身体,还丰富了孩子的课间生活,真是一举多得。

我个人在舞蹈方面有些特长,我想从舞蹈方面入手。于是,我在网上搜集了一些适合青少年跳的舞蹈的视频。然后,我把舞蹈视频发在家长群里,让家长周末给孩子看一下,使孩子对舞蹈动作大概有个感知。课间,我就带着孩子跳起了课间舞蹈。我挑的舞蹈动作比较简单,音乐活泼韵律感强,孩子们很喜欢跳。一下课,孩子就迫不及待地站在走廊上等待。我还在班上培养了几个跳舞比较出色的孩子当领舞,这样即使我不在,领舞的孩子也能带着其他同学跳起来,这样也减轻了我的负担。

孩子的学习能力非常强,一学期下来,他们学了十几支舞蹈。这样,在学校的传统节日联欢上,我们班不需要再特别编排,就能轻松地出一个节目。有的孩子还因为热爱课间广场舞的活动,让爸爸妈妈看到了孩子身上的舞蹈天赋,把孩子送到专门的舞蹈培训机构去进一步学习。有个家长在放学路上拉着我的手说:"谢谢老师'发明'的这个课间广场舞,我的孩子自

真体验,真发展——班级特色活动设计

从跳舞了以后,吃饭、睡觉香了,还能经常在亲友面前表演个舞蹈节目什么的,舞蹈里的歌曲也都会哼唱了,这都是您的功劳啊!"

设计意图

课间广场舞不同于老年广场舞,课间广场舞的音乐轻松明快、动作简单、韵律优美,孩子不知不觉在愉悦中锻炼了身体,陶冶了情操,提升了气质,还有效地减少了课间追逐打闹的现象。

活动三 班级运动社团

运动形式丰富多彩,如同十八般武器——刀、枪、剑、戟、斧、钺、钩……不求面面俱到,不求十八般武器样样精通,而是要努力发现自身长处和兴趣所在,结合身体素质和特点,选择最优的运动形式。同时,务必关注运动中的安全问题。

活动年级:五、六年级

活动地点:操场为主,学生家里为辅

活动准备:相关运动器材如绳子、球类等

班会课上,我根据学生的兴趣,结合对学生身体素质的了解,在全班进行运动社团的初步分组。分组后,形成了多个运动社团小组,如踢毽子组、跳绳组、长跑组、足球组、篮球组等。我确定了每个小组的小组负责人,然后,各组讨论并制定运动计划,进行时间安排、运动量安排等。

我负责审核学生制定的计划,主要看安全性、分寸性、科学性和可行性。原则是在安全的基础上,掌握运动量分寸,不能过低,更不能过高。

由于孩子年龄小,很多孩子的运动训练没有持续性。于是,每个小组我都安排了负责人,由负责人进行监督和统计。运动也是对学生性格和品质的锻炼。在运动中,可培养学生形成顽强的毅力和团队的荣誉感,等等。

例如,羽毛球小组有一位女同学,每次参加训练都一副萎靡不振的样子,打几下就哎吆哎吆喊累,半躺在书包堆里。我找到她笑着问:"训练辛苦了,球技也长进不少了吧,来,老师和你单挑一局。"她一听,赶紧爬起来,害羞地说:"老师,今天不行,下周我们比赛,看我怎么打败你。"我哈哈一笑,

说:"我相信你,我也得去练球,不然怕打不过你呀。"随后的几天这位女生训练得非常刻苦,再也不是懒懒散散的样子,累了也能咬牙坚持,意志力得到快速提升。在后来的比赛中,她果然"打败"了我。只见她挥舞着球拍,激动地喊起来。看着她那激情四射的样子,我相信运动已经在潜移默化中改变了她。

为了检验孩子运动的情况,我还会定期举办比赛,检查成果。"单兵作战"类的项目,如踢毽子,可以组织组内成员比赛;集体项目,如篮球、足球,可以和别的班级举行友谊赛。比赛既能激发学生的运动激情,也能增强学生的团队意识和集体荣誉感。

设计意图

运动给学校增加朝气,运动给学生带来快乐,运动将成为他们一生坚守的爱好。新时代的学生,不再是畏手畏脚、孤僻内向的孩子,他们应该拥有和这个伟大时代匹配的生命活力。少年弱,则国弱;少年强,则国强。未来的中国,需要身心更强大的他们去建设。所以,今日运动小达人,未来建国大能人。

【活动反思】

班级运动社团组织的各类活动,让我感触很深。作为班主任,我们不仅需要提高教学和教育水平,同时也必须有运动方面的一技之长。这样才能更好地指导学生,才能和他们在运动场上同甘共苦,一起欢笑,一起流汗,一起享受成功的喜悦。

生命在于运动,不只是对学生来说的,而是对所有人来说的,包括我们教师。

【专家点评】

马克思认为,体育是提高社会生产力和培养全面发展人才所不可缺少的。体育不仅提升学生的身体素质与运动技能,还能培育学生刻苦勤奋、坚韧不拔、团结合作等重要的人格品质与道德精神。五育并举,五育融合,是当下学校教育重要的育人策略。

真体验，真发展——班级特色活动设计

在该系列活动设计与组织中，班主任教师从校园啦啦操，到广场舞，再到班级运动社团，从整齐划一的运动形式选择，到各呈个性与精彩的自主运动社团选择，用心引导学生积极参与趣味运动以增强体质健康，积极选择个性运动以提升运动技能，令人敬服。生命在于运动，保持健康的身体，离不开运动。生命在于运动，运动在于锻炼，锻炼贵在坚持，坚持就是胜利。希望更多的教师和家长能关注学生的身体健康，重视学生身体素质的提高，为培养德、智、体、美、劳全面发展的人奠定基础。

六　假日小队这样玩

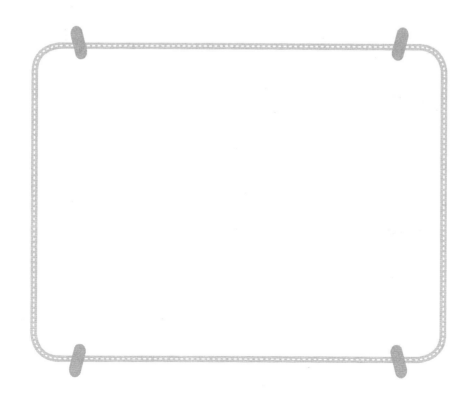

真体验，真发展——班级特色活动设计

1 保护母亲河 我们在行动

【活动缘起】

生态文明建设是关系人民福祉、关乎民族未来的大计，是实现中国梦的重要内容。习近平总书记在纳扎尔巴耶夫大学回答学生问题时指出："我们既要绿水青山，也要金山银山。宁要绿水青山，不要金山银山，而且绿水青山就是金山银山。"

长江、黄河是我们的母亲河，哺育了一代又一代的华夏儿女。虽然我国经济不断发展，但洪水肆虐、江河断流等生态环境问题依然存在，人类的生存环境依然问题多多。保护环境、保护生态、保护母亲河，刻不容缓。

【活动设计】

活动一 了解母亲河

长江是中华民族灿烂文化的摇篮，滋养了世世代代的炎黄子孙。我们地处长江之畔，了解母亲河、爱护母亲河是我们每一位教师和学生的责任。

活动年级：一、二年级

活动地点：教室

活动准备：有关长江的视频、图片

长江是一首诗，是一首咏颂几千年的文明史诗；长江是一幅画，是一幅长达6300公里的壮丽画卷；长江是一个摇篮，她哺育了世世代代的中国人。在优美动人的视频欣赏与讲解中，孩子们感受母亲河的雄伟、壮美。然后，

六 假日小队这样玩

大家用画笔、用歌声、用文字描摹各自心中的长江。孩子心中的长江是那么清澈美丽,可是,现实中的长江并不是这样的。走到江边,你会发现江水浑浊,上面还飘着一些垃圾,江水污染较为严重。随着一幅幅画面的呈现,孩子们陷入了沉思。

面对这样的长江,平平说:"我们要呼吁人们保护长江,不能破坏长江。"那我们可以怎么做呢?孩子们讨论商量,准备开展"保护母亲河"活动。各个小组热烈讨论起来。讨论的结果是,第一组准备用一首诗《长江之歌》来表达我们的深情,且录好视频进行网络宣传;第二组准备用一首歌《中国心》来表达我们的热爱,他们准备去长江边进行实地考察;第三组准备书写宣传标语,走进街道小区向大家倡议保护母亲河。全班孩子准备定期开展"红领巾假日小队"江边清理活动,展开保护母亲河行动。

设计意图

保护母亲河,已越来越引起社会各方面的重视。通过本次活动可唤起学生的忧患意识和环保意识,让孩子们热爱大自然,保护母亲河,并从自我做起,从现在做起。

相关链接

有关长江的介绍可扫码下载。

活动二 江边捡拾垃圾,保护滩涂环境

随着夏季的到来,长江边已经成为人们休闲、娱乐的场所。同时,有一些纳凉的人们会随手丢下垃圾,垃圾散落在沙滩或者漂浮在水面上。这些垃圾严重影响了长江的美丽面貌,所以,我们携手保护母亲河就显得尤为重要。

活动年级:五、六年级

活动地点:长江边

活动准备:分类垃圾袋、劳动用具、志愿者服装

真体验，真发展——班级特色活动设计

为维护长江岸线生态环境，倡导绿色环保理念，进一步推进文明创建，在3月5日"学雷锋日"当天，我带领班级的孩子们，在桥北滨江生态公园开展"江边捡拾垃圾，保护滩涂环境"活动。活动前期，我们分组准备当天的活动用具。有的准备垃圾袋，有的准备火钳，还有的负责拍照，每个小组分工明确。

3月5日上午，我们排着整齐的队伍来到了江边。我们来到的区域是很多居民或游客观看长江的地方，所以垃圾比较多。行动前，我再次提醒大家注意安全，并要求在捡拾垃圾的时候，以小组为单位，有序地进行捡拾。大家手持火钳、垃圾袋等工具，仔细搜寻，认真清理垃圾，用实际行动来表明自己爱护环境的决心。

孩子们在捡拾垃圾的过程中，积极向过往行人宣传环保理念，向人们倡议一起来爱护母亲河，保护长江生态环境。一顶顶移动的小红帽，一个个忙碌的身影，在江堤沿线构成了一道美丽的风景线。大家以实际行动践行绿色发展理念，并影响和带动更多人参与到环境保护中来，助力长江生态保护。

设计意图

长江是母亲河，哺育了一代又一代华夏儿女。师生共同倡导"少一次乱扔垃圾，多一次随手清洁"，以实际行动保护环境，共建绿色家园。希望小小志愿者们的行动，能带动市民摒弃陋习，不乱扔垃圾，一起加入到"保护母亲河"行动中来。

相关链接

长江边布满垃圾的照片可扫码下载。

活动三　我与长江的约定

我们学校地处长江之畔，了解母亲河、爱护母亲河是我们每一位师生的责任。一方水土养育一方人，一份采集就是一份纪念。让我们收集家乡的水土,一起探究其中的奥秘。

活动年级:七、八年级

活动地点:家乡

活动准备:搜集水和土的瓶子,标签

孩子们利用寒假回老家的机会(孩子们的老家大多都在长江流域),采集自己家乡的水和土,分别装在相应的瓶子里,并贴上写有采集地点的标签。在采集过程中,为安全起见,孩子需要和父母一起活动。我建议家长以照片或视频的方式记录孩子采集水土的过程,通过这样的活动,让学生更深地感受到家乡的美,也切身体会到部分地区存在生态破坏现象。

开学后,孩子们把自己采集到的水和土,集中收集了起来。他们对自己搜集的水土进行简单的介绍,让其他人了解自己家乡的水土特征。在交流与分享中,同学们加深了对于长江的认识。踏一方土,饮一江水,一方山水养育一方人,家乡的山山水水给予了我们每个人滋养和力量。

我还将孩子们收集的水土放在校园里的景观柜里进行展示,并在广播站分享学生采集的过程与学生对水土的介绍。

另外,我联动科学老师,利用科学课的时间,让学生观察不同地方的水土,写一写对比观察日记。

设计意图

环境保护和可持续发展是全世界都关注的问题,环境意识、生态文明是现代文明的重要组成部分。培养学生的保护环境意识是教育的普遍要求。在学生中开展现场式环境教育活动是提高学生环境意识的基本手段之一。

相关链接

活动海报可扫码下载。

【活动反思】

美丽中国,你我共享;美丽中国,同样需要你我共建。开展"保护母亲河 我们在行动"活动,在美化母亲河的同时,提高了学生的生态环境保护意识。学生们用实际行动带动周围的人尊重自然、保护自然,为守护我们的共同家园贡献出自己的一份力量,让"绿水青山就是金山银山"的理念在我们的行动中落地生根。

【专家点评】

生在长江边的少年,对长江有多少了解?有多少情愫?有多少梦想?班主任老师利用地域特点,结合孩子们熟悉的生活与环境,开展系列活动。从小学低段的宣传与了解活动,到小学高段的捡拾垃圾活动,再到初中的研究性学习,活动内容逐渐丰富,活动方式逐步开放,活动目标循序渐进。孩子们对长江的认知从感性逐步走向理性。通过学习与实践,不仅对长江的地理情况及文化渊源有了一定的了解,也习得了一定的环保习惯与技能。系列活动的开展,是对学校德育工作的有力补充,是对国家倡导的生态文明教育的积极呼应。

2 垃圾分类 我们先行

【活动缘起】

为深入贯彻习近平总书记"青少年要从小培养爱绿植绿护绿意识、生态环保意识、节约节俭意识"的重要指示精神,落实教育部《中小学德育工作指南》提出的"生态文明教育"有关要求,积极响应生态环境部"美丽中国,我是行动者"的号召,推动环境教育从娃娃抓起,我们特开展"垃圾分类 我们先行"研究活动,以引领青少年身体力行展开环境保护实践行动。

六 假日小队这样玩

【活动设计】

活动一 垃圾分类进校园，寻找环保小卫士

为响应习近平总书记"垃圾分类就是新时尚"的号召，将生活垃圾分类常识和基本要求融入学校德育工作，将垃圾分类作为学生必须掌握的知识内容，培养学生保护环境、美化家园的意识与习惯。

活动年级：一、二年级

活动地点：学校

活动准备：垃圾分类宣传资料

班会课上，我开展了"垃圾分类，从我做起"主题活动，带领学生们了解垃圾分类的知识，让学生们积极参与讨论，将环保理念融入到同学们日常的学习、生活当中，加深学生的环保意识。

课上我把垃圾分类和游戏结合起来，通过生动有趣的宣讲形式，向孩子们详细讲解了生活垃圾分类有关知识，包括什么是垃圾分类、垃圾不分类的危害、垃圾分类的必要性以及垃圾如何分类等。图片展示、有奖问答……孩子们在轻松愉悦的氛围中，潜移默化地接受垃圾分类知识的熏陶，了解垃圾分类的重要性，垃圾分类的理念就这样逐渐根植在日常行为习惯之中。

游戏中，孩子们活学活用，根据投掷的骰子数字在棋盘上前进，并回答棋格上关于垃圾分类的问题。理论与游戏相结合，孩子们在欢声笑语中巩固学到的生活垃圾分类小知识。

最后，开展了"垃圾分类我践行"活动。在对学生们进行宣传教育的同时，也积极做好家长的宣传工作。在班级群，我呼吁所有家庭"小手拉大手"，用小视频、抖音等形式，共同学习垃圾分类知识，共同开展家庭实践活动。

与此同时，为了加深学生们的环保理念，我还布置学生课后可以绘制手抄板、利用废弃物制作环保服装及手工作品，理解垃圾分类的意义。

活动过程中，孩子们不仅收获了关于垃圾分类的知识，培养了良好的环

保习惯,还收获了幸福感、成就感和满足感。孩子们积极投身于垃圾分类的实践活动当中,积极做垃圾分类的践行者、宣传者和监督者。

设计意图

本次活动增强了学生对垃圾分类知识的了解,让"绿色、低碳、环保"的理念深入人心,让学生能够积极参与到垃圾分类的行动中来,不断提高学生自觉爱护环境卫生的意识,养成垃圾分类的好习惯。

活动二 垃圾分一分,环境美十分

目前,垃圾处理的方法还大多使用传统的堆放填埋方式,占用上万亩土地,并且虫蝇乱飞、污水四溢、臭气熏天,严重地污染了环境。因此,进行垃圾分类收集可以减少垃圾处理量,降低处理成本,减少土地资源的消耗,具有社会、经济、生态等多方面的效益。

活动年级:三、四年级

活动地点:学校、幼儿园

活动准备:垃圾分类玩具

近期,学校参与了南京市"环保小局长"活动。于是,我也在班级开展了"争当'环保小局长'"活动。孩子们一听"局长"这个称号,觉得很有意思,于是纷纷参与竞选。竞选"环保小局长"可没那么容易,首先要提出环保主题,其次要制定推进计划,最后还要策划活动方案。我把班级分成了6个大组,每6人一组,一起商讨主题、计划及方案。

在此基础上,召开班会,主题就是"竞选'环保小局长'"。每个小组准备充分,分工明确,还制作了精美的PPT。最后,以垃圾分类作为环保主题,并制定垃圾分类宣讲方案的这一组获得了胜利。于是,他们决定去幼儿园开展一次"大手拉小手"活动。

为了让孩子们的活动能有序地开展,我联系了周边的幼儿园。孩子们积极准备本次活动需要的材料。他们分工明确:小李和圆圆准备PPT,桃子和芳芳准备垃圾分类的玩具,希希和乐乐准备小奖品。下午,我们一起来到了所联系的幼儿园的中三班。小朋友们看到大哥哥大姐姐来给他们上课,

六 假日小队这样玩

可兴奋了！6位"小局长"在大家热烈的掌声中开始了今天的课程。

一开始,"小局长"们给小朋友介绍垃圾分类的好处。他们说,垃圾分类可以减少废弃污染,保护生态环境,还能提高土地利用率。接着,"小局长"们带领小朋友们认识垃圾桶的颜色与垃圾分类的关系,介绍垃圾分为可回收物、厨余垃圾、有害垃圾、其他垃圾。接着,还介绍了哪些垃圾属于可回收物,哪些垃圾属于厨余垃圾,哪些垃圾属于有害垃圾,哪些垃圾属于其他垃圾。小朋友们听得非常认真。最后,"小局长"们和小朋友们一起玩垃圾分类的小游戏。"小局长"们把画着各类垃圾的小卡片发给小朋友们,小朋友们观察卡片,思考手中的卡片属于哪类垃圾,并扔进相应的垃圾桶内。最后,"小局长"们还给投扔正确的小朋友颁发了小奖品。

活动结束,"小局长"们收获满满,他们不仅在小弟弟小妹妹面前大显身手,还对垃圾分类的知识了解得更透彻了。他们表示,以后还想参加类似的活动。

设计意图

通过开展垃圾分类活动,让同学们明白垃圾分类的重要性以及要如何区分不同类型的垃圾。活动中用实践操练和玩游戏的方式,同学们对垃圾如何分类有了更进一步的掌握,同时他们垃圾分类的主动性和绿色环保意识均有所提升。人人争做垃圾分类的倡导者、传播者、践行者。

活动三 我是小小宣讲员

据调查,一个人每天大约会产生1.2公斤垃圾。一天全南京大约会产生8 000吨生活垃圾。根据数据显示,有51.09%的南京人觉得垃圾分类问题是目前迫切需要重视的问题,但还有22.83%的人并不了解垃圾分类的好处。

活动年级：五、六年级

活动地点：学校、社区

活动准备：垃圾分类宣传资料

6月5日,是世界环境日。以此为契机我们准备走进社区,开展"我是小小宣讲员"活动,向居民们介绍垃圾分类的意义及好处。首先,我让同学们

真体验,真发展——班级特色活动设计

根据自己的特长和喜好,进行分组。有的小组收集宣传资料,有的小组进行宣传讲解,还有的小组在现场进行垃圾分类演示。

小小宣讲员们统一佩戴红色志愿者绶带,手拿宣传资料,深入周边社区向居民群众发放垃圾分类宣传资料,耐心热情地对资料上的内容做简单的介绍,积极宣传开展垃圾分类的意义。孩子们有的示范演示,有的利用图册进行绘声绘色的讲解,呼吁大家做好垃圾分类工作。

还有一部分宣讲员来到分类垃圾房旁,指导叔叔阿姨进行垃圾分类。孩子们在向叔叔阿姨讲解垃圾分类知识的过程中,提高了自己的语言表达能力,巩固了垃圾分类的有关知识。

活动后,同学们都化身为垃圾分类小小宣讲员,在社区和家庭中积极宣传垃圾分类知识,引导邻居和家人主动参与垃圾分类,形成人人参与、互相学习的良好氛围,以期逐步实现生活垃圾分类常态化。

此次活动的开展,增强了孩子们的环保和节约意识。孩子们纷纷表示,在今后的生活中要从自己做起,将所学知识用于生活,并要向家人、朋友宣传垃圾分类的重要性,真正做到"垃圾分类,从我做起"。

设计意图

让学生走进社区,带动家庭成员及小区居民共同参与到垃圾分类中来,以强化居民的垃圾分类意识,从而在全社会营造人人关心垃圾分类、践行垃圾分类的良好氛围。全社会都行动起来,让"绿色、低碳、环保"的理念深入每一位居民的心,带领居民们养成垃圾分类的好习惯,让我们的社区环境变得更美好。

相关链接

垃圾分类知识与垃圾分类宣传作品,可扫码下载。

【活动反思】

美丽城市人人共建,美好家园大家共创。通过此次活动的开展,孩子们不仅学到了垃圾分类的知识,认识到垃圾分类的重要性,还亲自参与活动,使废品变为宝贝,从中体会到劳动的魅力。孩子们不断提高绿色环保、生态文明意识,养成垃圾分类的好习惯。希望通过这样的活动,能够达到教育一个孩子、带动一个家庭、辐射一个社区、影响整个社会的效果,让环保的种子实实在在地在大家的心中生根发芽。

【专家点评】

美丽的地球是我们共同的家园,美好的生活环境需要你我共同创造。为提升全社会的垃圾分类意识,促进学生自觉践行垃圾分类,班主任带领孩子们学习垃圾分类知识,宣传垃圾分类精神,并走进幼儿园、社区开展环保"小局长""垃圾分类大家行"活动。活动内容既有丰富的环保知识,又有垃圾分类的动手操作训练;活动形式有手抄报、作宣传、游戏式训练等;活动地点从校园到家庭、社区。家、校、社区三者协同育人,认知、技能、习惯与方法等全过程育人,学生的情感、态度与价值观均得到一定的孕育与提升。垃圾分类小活动,生态文明大教育。

3 绿色环保 低碳生活

【活动缘起】

良好的环境是人类赖以生存的条件,保护环境就是保护我们自己。面对地球生态环境日益恶化、资源日益短缺的现实,我们应该清醒地认识到爱护地球、绿色环保、低碳生活,是我们共同的责任。

【活动设计】

活动一 节约用水,我们在行动

水是人类赖以生存和发展的重要资源之一,是不可缺少、不可替代的特

真体验，真发展——班级特色活动设计

殊资源。然而，随着人口膨胀和工农业的迅猛发展，人类对淡水的需求量激增，而水体污染也造成了水资源危机。因此，节约用水应是我们义不容辞的责任。

活动年级：一、二年级

活动地点：学校

活动准备：宣传画、黑板报、红领巾广播、节水影片

3月22日，是世界水日，我们开展了主题为"节约用水"的主题班会。对于这个话题，孩子们再熟悉不过了。活动开始，我问了孩子们一个问题："万物之灵、地球体内的血液、大自然赐予人类最宝贵的资源和财富、晶莹剔透、激昂澎湃、浩瀚如云，这些美好的词汇描写的是什么呢？"孩子们异口同声地回答道："是水。"是的，水是大自然赐给人类最宝贵的资源和财富。

接下来，我们讨论了水的重要性。水，是一切生命赖以生存的重要自然资源之一。近年来，工农业生产活动和城市化的急剧发展，对有限的水资源产生了巨大的冲击。另外，日趋加剧的水污染，对人类的生存安全构成重大威胁，成为人类健康、社会经济可持续发展的重大障碍。

接着，我带领孩子们了解水资源的现状。地球表面有很多水，但大多是咸水。我利用扇形统计图来告诉孩子们淡水资源只占地球水资源的一小部分。接着，我通过一个小游戏来说明地球上淡水的情况以及人类实际上可以利用的淡水资源。面对地球上这么珍贵的淡水资源，我们一定要下决心，做到节约用水。

水资源的重要性及现状的介绍，使节水的理念在孩子们心中牢牢地扎了根。我对孩子们说，请大家仔细观察我们的日常生活，看看在哪里可以节水，如夏天浴缸里洗完澡的水可以用来拖地，把学校定时冲水的水箱改成手拉式水箱等。我鼓励学生们动脑筋、想出金点子，在家中、学校里推广使用。

设计意图

此次活动意在提高孩子们对水资源的认识，增强保护水资源的责任感、使命感。通过开展"节约用水，我们在行动"的教育活动，同学们在调查、讨论的过程中明白水是人们日常生活中不可或缺的重要资源。同学们也深深

感受到生活中水的污染、水的浪费是多么严重，水资源是多么匮乏，从而自觉地珍惜生活中的每一滴水。

相关链接

活动课件可扫码下载。

活动二　地球一小时，与你共呼吸

电是重要的能源。随着我国经济的快速增长，我国电力消耗仅次于美国，已位居世界第二。然而，由于节能节电意识淡薄造成的电能浪费占相当大的比重。节约是中华民族的传统美德。如果每人节约一点能源，聚沙成塔，汇流成川，就等于为国家增添一笔财富。

活动年级：三、四年级

活动地点：学校、家里

活动准备：手抄报

这节课是体育课，孩子们都到操场上体育课了。当我来到教室时，发现教室里的多媒体和灯都开着，这不是浪费吗？回到办公室，我思索着，怎样才能让孩子们记得及时关灯、关多媒体设备呢？于是，我求助百度，突然"地球一小时"出现在我眼前。对呀，过两天就是3月27日，是今年的"地球一小时"活动开展的日子。于是我便策划起这次班会活动。

地球一小时（Earth Hour）是世界自然基金会（WWF）应对全球气候变化所提出的一项全球性节能活动，提倡于每年3月最后一个星期六的当地时间20:30，家庭及商界用户关上不必要的电灯及耗电产品一小时，以此来表明他们对应对气候变化行动的支持。今年（2021年）的3月最后一个星期六是3月27日，是地球一小时活动的日子。

今天正好有一节班会课，于是我鼓励孩子们拿起手中的画笔，制作宣传海报，利用海报向家人宣传"地球一小时"活动，让爸爸妈妈在3月27日晚上熄灯一小时。海报中包含"地球一小时"活动的目的。

晚上回家后,孩子们向爸爸妈妈介绍了"地球一小时"活动,并自觉熄灭了灯。大家发现,一次"熄灯"活动对于地球来说只是"杯水车薪"。但是,当由此激发的环保意识深入人心化为思想、思想化为行动、行动变成习惯时,人人都会自发地为全球环保事业作出应有的贡献。

设计意图

通过活动,让孩子认识到"地球一小时"活动的价值不仅仅只是熄灯一小时,而是一种生活理念的树立。在今后生活中,孩子们会将"节能环保,低碳生活"的环保理念扩展到日常生活中去,从自身做起,从现在做起,为低碳、绿色发展贡献自己的一份力量。

相关链接

活动海报可扫码下载。

活动三 低碳环保,绿色出行

绿色出行是指采取相对环保的出行方式,可实现环境资源的可持续利用。汽车工业的发展为人类带来了快捷和方便,但汽车的发展也引起了能源消耗和空气污染问题。骑自行车、乘坐公交车和地铁就是一种绿色出行,可以减少对环境的污染。

活动年级:七、八、九年级

活动地点:学校

活动准备:新闻报道、自行车

早晨,同学们陆陆续续走进了教室。我看了看教室,发现彤彤没有来。于是,我联系了家长。彤彤的家长说:"我们已经到校门口了,可是门口车辆太多,被堵住了。"其实,校门口这样的拥堵现象不止一两天了。突然,我萌生了一个想法,就是号召班级的孩子明天步行上学,或乘坐公共交通工具上

六 假日小队这样玩

学。同学们纷纷赞同我的想法。课后,我编辑了一条短信群发给家长,呼吁家长带领孩子绿色出行,家长们纷纷表示赞同和支持。

第二天,看着孩子们开开心心地走进教室,我说道:"今天晨会的内容就是一起来聊一聊绿色出行的心情。"彤彤第一个站起来说:"今天我没有迟到!"其他人都哈哈大笑起来。牙牙说:"今天我是步行来上学的,其实这样走路也是锻炼啊!""老师,我发现,就我们一个班绿色出行,对校门口的拥堵起不了多大作用,我们可以发动全校师生绿色出行。"小颜说。"是呢,是个不错的想法,让我们一起拟定一个倡议书,向全校发出倡议吧!"我说。

说干就干,同学们以小组为单位拟定绿色出行倡议书。倡议书内容如下:

争做绿色出行的先行者。让我们选择步行或者乘公共交通工具上下学,坚持每周少坐一天车,多步行、多骑车。让我们的家园多一些绿色,多一路畅通,多一点文明,多一份健康,多一份幸福。

争做绿色出行倡导者。大家应提高环保意识,自愿加入活动当中,大力倡导绿色出行方式。积极向家人和亲朋好友宣传"绿色出行,文明交通"活动的意义,主动承担起绿色宣传的责任和义务。人人争做绿色出行的宣传者、推广者、倡导者。

设计意图

通过自身实践,向社会传递正能量,彰显当代青少年所具备的社会责任感、使命感。同时,低碳环保的生活方式可缓解能源紧张,减轻环境压力,并促进人与自然和谐相处,还有利于建设资源节约型和环境友好型社会。总之,保护环境就是保护我们自己。作为荡漾着青春气息的青少年,我们通过自身的实践,努力地向社会传递着低碳环保的理念,让我们的家园变得更加美丽。

相关链接

活动倡议书可扫码下载。

真体验，真发展——班级特色活动设计

【活动反思】

此次活动后，我们明显地感受到孩子们的环保意识增强了，校园里没有了乱扔垃圾的现象，弯腰捡拾垃圾的行为多了起来；没有了破坏花草的现象，主动擦拭校园栏杆、墙裙、窗台等的行为多了起来；没有了浪费水资源的现象，随手关紧水龙头的行为多了起来；教室无人还开着灯的现象没了，节电意识明显增强了。绿色、环保、低碳，逐渐地走进了学生的生活。

【专家点评】

绿水青山就是金山银山。

环保教育，是德育的一项重要内容。德育工作者有责任引导学生从节水、节电等方面开展节约能源活动，从而展开"我们只有一个地球"的系列生态文明教育活动。从"世界水日"宣传到"地球一小时"活动，再到绿色出行等活动，系列活动的设计结合特殊的时间节点，呈现知、情、意、行统一以及螺旋上升的特点，具有一定的生活性和系统性。该系列活动的教育目标指向爱护自然、节约资源、健康生活、绿色消费等观念的普及，更指向中小学生环保意识、忧患意识，以及尊重自然的生态价值观的树立。

4 走读金陵 诗意家园

【活动缘起】

南京位于长江下游南岸的江苏省西南部，古称金陵，已有近 2 500 年建城历史，被誉为"六朝古都""十朝都会"。因历史悠久，文化遗存众多，文化积淀深厚，1982 年南京被列为国家历史文化名城。为了让学生了解南京，认识家乡，我们开展"走读金陵 诗意家园"活动。

【活动设计】

活动一　跟着古诗词游南京

"跟着古诗词游南京"亲子游玩活动,让孩子们在感悟民俗文化,了解南京历史文化的同时,也让他们学会如何用独特的视角在生活中发现美。

活动年级:三、四年级

活动地点:秦淮河、乌衣巷、凤凰台等景点

活动准备:有关南京的古诗词

"跟着古诗词游南京"活动前,我和孩子们一起学习了解有关南京的古诗词。学生通过搜集资料,发现有关南京的古诗词可不少,有杜牧的《泊秦淮》、刘禹锡的《乌衣巷》、李白的《登金陵凤凰台》、杨万里的《登凤凰台》、刘禹锡的《石头城》、郑燮的《念奴娇·石头城》等等。这些古诗词中提到了秦淮河、乌衣巷、凤凰台、石头城等景点。通过学习,我们不仅会背会吟,而且也基本理解了诗中所包含的美好意境和情感。

另外,我还组织班级"红领巾假日小队"队长进行了一次研读路线讨论会。经过深入讨论,最终确定了三条寻访路线。第一条,寻访明城墙;第二条,寻访大报恩寺;第三条,寻访秦淮河。队员召开分工会、搜集资料、制定路线……队长认领路线后,同学们进行了充分的准备。

第一小组是明城墙寻访小组。走出地铁,同学们首先游览玄武湖,感受欧阳修笔下"金陵美于后湖"的盛景。然后,攀登台城。在南京的城墙内深藏着许许多多的历史知识。登上台城,同学们纷纷吟诵着"无情最是台城柳,依旧烟笼十里堤"。最后,大家来到明城垣史博物馆,在博物馆向导的讲解下,同学们了解到明城墙的建造史、发展史,进一步探寻了南京城墙的奥密。同学们边走、边听、边看、边思、边记录。

第二小组是报恩寺寻访小组。"南朝四百八十寺,多少楼台烟雨中"。身为导游的小李同学妈妈主动承担了导游任务。在她的专业讲解下,同学们探寻了600年前的香水阁、永乐碑、三大殿遗址、油库遗址等。大报恩寺

遗址不仅是博览佛教文化、佛教艺术的殿堂,更是同学们体验报恩文化的精神家园。

第三小组是秦淮河寻访小组。第一站,同学们跟着导游老师走进了乌衣巷。提前做过功课的小张同学介绍了乌衣巷名字的由来。同学们情不自禁地朗诵起刘禹锡的《乌衣巷》,一时间引来众多游客驻足。第二站,同学们寻访了桃叶渡,聆听王献之的动人爱情故事,感受"桃叶映红花,无风自婀娜"的美好意境。最后一站,夜游秦淮河,同学们徜徉在十里秦淮河中,享受那"夜泊秦淮近酒家"的惬意。

寻访结束后,各小组用图文并茂的形式分享了他们跟着诗词游南京的切身感受,一张张图片、一段段文字、一个个故事……使同学们对南京城的历史又多了一分了解,对诗词文化又多了一分热爱。

设计意图

南京是见证六朝兴衰的地方,君王将这里作为都城,为的是倚仗这里独特的地势来稳固自己的王朝。正因为南京经历过这些,所以它留给了世人丰富的历史文化印记和深厚的历史情怀。随处可见的古建筑或遗址,信手拈来的典故或故事,这些对后人认识历史,了解南京过去有着重要的意义。"跟着古诗游南京"活动,为的是让孩子们寻找历史遗迹,了解家乡的变迁,在重温最美古诗词中学习传统文化。

相关链接

有关南京的古诗词可扫码下载。

活动二　跟着名人游南京

南京人杰地灵,自古人才辈出,有很多处名人景点。充分利用这些景点资源,可以增加学生对本地历史文化和自然风貌的了解。开展"跟着名人游南京"主题活动,学生可以了解历史,感悟今朝。同时,学生在参加活动中可获得丰富的历史知识和探究能力。

六　假日小队这样玩

活动年级：五、六年级
活动地点：中山陵、明孝陵
活动准备：景点的介绍

"红领巾假日小队"活动又要开始了。本期的活动主题是"跟着名人游南京"，鼓励队员们选择与名人典故有关的景点进行参观寻访。队员们自行组队，选择景点。

金陵小队的目标景点是中山陵。上午九点金陵小队队员集合后，便浩浩荡荡地向中山陵进发了。只见中山陵道路两旁矗立着整整齐齐的法国梧桐树，每棵树都长得十分粗壮，枝繁叶茂，郁郁葱葱。当我们来到广场时，首先看到的是高大的三门石牌坊，上面刻有孙中山先生手书"博爱"二字，这二字金光闪闪，分外耀眼。接着向前走，登上三百多级台阶，不知不觉就到了中山陵的半山腰，门额上是孙中山先生题写的"天下为公"四个大字。随队的爸爸们给孩子们讲解了孙中山先生"博爱""天下为公"思想的意义以及孙中山先生的生平事迹，增添了孩子们对孙中山先生的敬仰之情。

阳光小队来到了明孝陵。他们首先进入了明孝陵的大金门。大金门为明孝陵的总大门，是后来明清皇陵大红门的典范。经过 600 多年的风风雨雨，现在的大金门顶部的琉璃瓦全部不存在了，但依然可以感受到庄严肃穆。明孝陵的四方城中有块巨型石碑，这块石碑立于永乐十一年，也就是 1413 年，叫"大明孝陵神功圣德碑"，又称"功德碑"。这块石碑是南京地区最大的一块明碑，通高 8.78 米。碑文共 2746 个字，是明成祖朱棣的手笔，碑文详述太祖朱元璋的一生功德。

同学们边听讲解、边仔细地观察记录，也展开了相互之间的追问和对话。在此过程中，加深了他们对于中山陵、明孝陵的历史文脉和文化价值，以及孙中山、朱元璋的生平事迹的了解。在游中学、学中游，孩子们真切感受到南京的历史底蕴。活动结束后，同学们席地而坐，畅谈感想，感受南京钟灵毓秀、人才辈出、群英荟萃的城市魅力。

设计意图

名人景点从表面上看仅仅是一组建筑物，但内在却凝结了名人的思想、精神和文化,这是名人景点的独特魅力。学生通过对名人景点的探访和研究,能更加清晰地了解名人的生平事迹,了解学习名人的精神风骨,进而了解一个时代的人文风貌及历史传承。

活动三　跟着文学作品游南京

文学作品是人类不可或缺的精神食粮,它像一盏明灯,点亮人们的心灵。南京是六朝古都、十朝都会。在历史的长河里,南京见证了无数灿烂文学作品的诞生,完全担得起"世界文学之都"这个称号。

活动年级:七、八、九年级

活动地点:教室

活动准备:阅读与南京有关的文学作品

各个小组课前阅读有关南京的文学作品,每小组推荐一个同学向全班进行阅读分享。最后,从各小组的关注点中,选择大多数同学感兴趣的话题,制定一份行走考察方案。

文学作品阅读指南:

作品名称	
作者	阅读小组成员
阅读记录	
主要内容	
阅读心得	
拟参观的相关地方	

分享活动后,各小组展开参观走访活动。其后各小组回顾参观经历,把最深的感受与同学们分享,并介绍获得信息的技巧及注意事项,并用第一次考察学习到的方法,再制定一份考察计划,自由选择考察地点,利用课余时间再次走进名人故居等相关景点。

参观考察方案如下表:

地点	
相关文学作品	
考察成员	
考察时间	
考察体会	

设计意图

六朝金粉地,十里秦淮河。金陵,从时间深处走来,成了如今的南京。南京,每座山都历经历史长河的洗礼,每条河流都带来前人的故事传说,等候一个个参观者与聆听者。南京的文脉幽远绵延,"文坛百花""千古名篇"数不胜数。其实,有关南京的文学作品所描绘的场景就在我们每个人的周围,就在我们每个人的心里,每一处都值得我们去踏访和追寻。

相关链接

有关南京的散文可扫码下载。

【活动反思】

六朝古都南京,每年吸引着成千上万的游人流连忘返,南京的魅力不仅体现在让人眼花缭乱的自然景观上,更体现在浓厚的人文气息上。作为南京人,应该了解南京的历史和文化。走读金陵,就是感受南京历史的悠久,发现南京的魅力。

【专家点评】

南京是六朝古都,十朝都会。作为世界文学之都的南京,多诗词掌故,多名人趣事,多文学作品。班主任立足地域文化,设计出该系列"走读金陵"活动,带领孩子通过走读形式,来了解脚下踩着的这片土地,非常有意义。跟着古诗词游南京,看大街小巷、山水城林,在诗意盎然中领略古城的沧桑与厚重。跟着名人游南京,在中山陵下品孙中山先生的"天下为公",在明故宫里悟方孝儒的忠正不阿,在梅花山中赏孙仲谋的文采风流。跟着文学作品读金陵,能品到朱自清的古董铺子,俞平伯的桨声灯影,《世说新语》的魏晋风流。读不完的金陵故事,读不尽的金陵文蕴,读不断的金陵情愫。

七 美好生活我来创

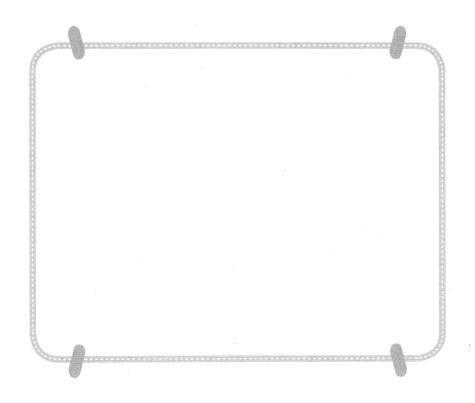

真体验,真发展——班级特色活动设计

1 劳动成就美好人生——小农匠

【活动缘起】

习近平总书记曾经在全国教育工作会议上指出:"要在学生中弘扬劳动精神,教育引导学生崇尚劳动、尊重劳动,懂得劳动最光荣、劳动最崇高、劳动最伟大、劳动最美丽的道理,长大后能够辛勤劳动、诚实劳动、创造性劳动。"

当下,在中小学生群体中普遍存在着劳动意识淡薄、劳动能力不足、轻视劳动、不会劳动、不珍惜劳动成果的现象。这背后的原因有很多,其中最重要的一条就是孩子获取知识的渠道很多,但真正接触世界的机会却很少。

学生进入学校后,如果通过行而有效的劳动实践活动,在集体中与老师和伙伴们一起了解农耕等知识,体会和经历劳动的过程,体会劳动的辛苦和收获的喜悦,那么,将使他们更加热爱劳动、尊重劳动,真正认识到幸福是奋斗出来的,实干才能让梦想成真。因此,学校教育要帮助他们树立依靠辛勤劳动、诚实劳动,来获取财富、实现人生价值的正确思想观念。

【活动设计】

活动一 了解农耕,传承文化

生活靠劳动创造,美好人生也要靠劳动创造。从身体力行的劳动中获取经验与知识,正是人类文明起源和发展的主要方式。不管是创造力的发掘,还是生活常识的积累,都离不开劳动。"顺应天时,道法自然,和谐共生"是我国几千年来农业文明的写照。我国的劳动人民在与大自然的长期相处

七 美好生活我来创

中,创造出了灿烂辉煌的农耕文明。本活动就是带领学生走进农耕文化,感受其历久弥新的独特魅力,从而成为中华传统农耕文化的小小传承人。

活动年级:一、二年级

活动地点:教室、农耕文化博物馆

活动准备:学生提前查找关于农耕的小知识

小学低年级的孩子们对农耕知识了解不多,因此,活动开始我特别邀请南京农业大学的大学生志愿者们走进课堂,向孩子们介绍什么是农耕,适于不同环境生长的农作物,以及常见的农具和种植形式。目的是让孩子们对于农耕有一些简单的认识,了解耧、犁、锄、耙、麦场、草垛等农具或农业事物以及农业生产对生活和社会发展的重要性,并且让他们体会到农民伯伯们的勤劳和艰辛,感悟"一粥一饭当思来之不易,半丝半缕恒念物力维艰"这句话的深刻含义。

了解了一些农耕知识后,孩子们踏上了参观农耕博物馆的行程。跟随着讲解员,孩子们从馆内陈列的藏品、文献、图片及视频资料中,了解我国农耕文化演进的轨迹和内涵。以农耕工具发展演变为主线,在传统艺术和现代科技相结合的呈现形式下,孩子们了解到在原始社会,人类获取食物的主要途径是采摘和狩猎。女性在长期的采摘过程中,留心观察可食用的植物的生长特点。采摘来的植物,除了提供平时生活所需,多余的便进行培植,这样就渐渐产生了农耕。随着新石器时代的到来,再到后来冶炼技术的出现,人们使用的农耕工具也在发生着变化。不论地貌特征如何,勤劳质朴的劳动人民总能用智慧的双手顺天时、应地利、聚人合,创新耕种,在广袤的土地上耕种幸福,创造美好生活。

设计意图

农耕,是人类文明时代的开启。千百年来,中华民族在"民以食为天,国以农为本"的理念引领下不断创新农耕,拥有几千年的农耕文化历史。通过参观活动,孩子们更加关注农业的发展,也深深感受到了农耕文化的源远流长和现代农耕技术的飞速发展。这为孩子们了解农耕、热爱农耕文化起到了很好的奠基作用,更能鼓舞他们提升民族自豪感,担当农耕文化的小小传

真体验,真发展——班级特色活动设计

承人。

活动二 小小农匠,爱的培植

随着城市的发展,人们生活环境中的空气、水、土壤被不同程度地污染,食品安全问题随之产生。为了让更多的人吃上无污染的绿色蔬菜,在班级中或家里的阳台上就可以开发"专属菜园"。这样孩子们每天都可以观察、记录蔬菜的成长过程,陪伴它们一同成长,并且可以体会到动手劳作的快乐,感受到收获成果的幸福。

活动年级:三、四年级

活动地点:教室、家里

活动准备:每个学生准备一个育苗盘、育苗纸和50粒豌豆(或绿豆、黄豆)种子

入学两年多来,孩子们已经对"劳动"有了一定的认识,并且在班级里能够和小伙伴们一起合理分工、承担相应的劳动任务,在家里也能主动地帮助爸爸妈妈做一些力所能及的家务劳动,承担起一份小小的家庭责任。看着渐渐成长的他们,我想让他们做一回"小农匠",体会亲自培植蔬菜的快乐。

又是一个新的学期,大自然送来了春的气息,正是播种的好时节。我利用班会的时间,向孩子们介绍了水培蔬菜。水培蔬菜有生长周期短、富含多种人体所必需的维生素和矿物质等优点。

课后,我又布置了查阅资料的任务,让孩子们利用课余时间到学校图书馆或利用互联网查阅相关资料。随后,让孩子们以小组为单位,充分考虑培植场地、材料价格、实际可操作性等因素,购置用于豌豆(或黄豆、绿豆)苗生长的水培育苗盘和种植架、育苗盘、育苗纸。

培育步骤如下:

① 洗净盘底好安家:将安装好的育苗盘底部蓄上干净的自来水,不宜过满。

② 浸泡豆宝住新家:将用清水浸泡4~6小时的豌豆种子放在底部存水的育苗盘上,再盖上育苗纸。湿润的环境更容易出芽,所以要用喷壶喷水,

保证豌豆时刻受到水的滋润。

③ 精心照料等发芽:时刻喷水并进行观察,等待发芽。

④ 长出幼苗快上架:等到幼芽长到6~7厘米的样子,并出现了娇嫩的小叶片时,就可以把它们搬到水培种植架上,让它们继续生长了。在这个过程中,还要不时地让它们晒晒太阳。

为了更好地锻炼孩子们"小农匠"的意识和能力,我不仅在班级里设置了培育架,还让孩子们分小组进行培植,建立"合育田",并进行合理分工,喷水、观察、记录、调整等等,每个流程都有专人负责。此外,每个孩子还在家长的支持和帮助下,在家里也开设"自留地",经历完整的培植过程。同时,我定期组织孩子们进行经验交流,比比哪家的"小农匠"本领强。

经过一段时间的培植,"豆宝宝"们好像感受到了孩子们的爱心与呵护,茁壮成长。大部分孩子都收获了豌豆苗或豆芽菜,孩子们吃着自己辛勤劳动换来的蔬菜,心里美滋滋的。除了餐桌上的美味,很多孩子还收获了观察记录、劳动日记、农匠心得等等。对于孩子们来说,这就是劳动成就的美好吧。

设计意图

组织孩子们进行"小农匠"角色体验,可以帮助他们融入大自然、欣赏大自然、保护大自然、热爱大自然。同时,使孩子们学会劳动,在劳动中成就自我。此外,还能培育孩子们对生活积极的态度,并培养他们关注日常生活和社会生活的意识,培养探究生活的兴趣和能力。

相关链接

活动相关照片可扫描下载。

活动三 体验农耕,快乐农匠

作家路遥在《平凡的世界》中说:"劳动,是人生的第一堂课,只有劳动才可能使人在生活中强大。而田园,又是劳动的乐园,是田园里的耕种养育了

真体验，真发展——班级特色活动设计

我们。"在作家笔下，春天绿油油的庄稼，能让人忘却烦恼、心旷神怡；黄澄澄的田野，能让人丢掉苦痛、忘情雀跃。那么，对小学高年级和中学生们来说，来一次真实的农耕体验，将不失为集参与性与体验性、文化性与娱乐性、科学性与趣味性为一体的难忘实践，可获得趣味、审美、劳动的亲历体验。

活动年级：五到八年级

活动地点：校园、农耕基地（或农耕文化博物馆）

活动准备：农耕知识资料，联系农俗文化博物馆或农业基地等，花生（或者菠菜、豆角、丝瓜等）的种子或树苗，一小块实践田

伴随着渐暖的春风和阳光，大自然迎来了万物复苏的好时节。除了一年一度的植树节，孩子们对"清明前后，种瓜点豆"的谚语也是耳熟能详。对小学高年级或者中学的他们而言，来自书本和网络的农耕知识，远不如亲自当一回"小农匠"，亲手撒下农作物种子，经历耕种、耕耘的过程，更能使他们体会到劳动的快乐和幸福。

读万卷书，不如行万里路。节假日时间，孩子们利用"红领巾假日小队"活动，以小组为单位，参观农耕文化博物馆、历史博物馆中农耕主题展馆、农业基地（葡萄园、蔬菜大棚等），目的是让孩子们更加直观地了解农耕知识，并感受农耕文化。

随后，便是回到学校开辟自己班级的"实践田"了。孩子们每5～6人组成一个"农耕组"，每组选择合适的花生种子（菠菜、豆角、丝瓜等也可）进行种植。种植步骤为：松土、播种、覆土、浇水。大家分工合作，感受耕种的辛劳和快乐。

除此之外，班级还安排体力较弱或身体不方便参加室外劳作的孩子成立"绿植组"。绿植组负责在教室植物角培育绿萝、多肉等植物，同样也能分享耕种的喜悦。

耕种过程中，孩子们每天进校后的第一件事就是去看看班级"实践田"里面的"蔬菜宝宝们"长势如何，还会用从书本、网络上学来的耕种知识对农作物和绿植进行养护，如松土、浇水、施肥、除虫、修剪等等。"小农匠"们常常挥汗如雨、乐此不疲。

七　美好生活我来创

这是一个难得的体验过程,我鼓励孩子们用不同的方式记录下来,如种植小报、耕种日记、农匠故事等,这些都是孩子们"农匠生活"的点点滴滴。我还对孩子们的"作品"进行评奖,利用班级群、校园广播台、微信公众号等平台,对孩子们的"作品"进行展示和宣传。

设计意图

孩子们通过亲手耕种,真正体验了一次"小农匠"的感觉。孩子们亲历了植物生长的过程,看着农作物从一颗颗种子生根发芽长成小苗,再到结出果实,这样美妙的生命过程,是他们辛勤劳动后的收获。他们体会到生命的奇妙,并产生了解和认识自然的兴趣。另外,孩子们在活动中还可以懂得观察、思考、记录的方法。这远比让他们熟读《悯农》更能把"粒粒皆辛苦"铭刻于心。

【活动反思】

城市中的大多数孩子对农耕生活并不熟悉,那么,我们的劳动教育不能仅以劳动观念、劳动态度、劳动习惯与品质的培养等为内容,还要培养孩子们的劳动情感,增长他们的劳动知识,提升他们的劳动技能。让孩子们做一次"小农匠",在劳动的过程中,通过自己的勤劳和智慧获得收获成果的快乐,就是本次活动最大的意义。

苏霍姆林斯基说:"幸福只会给予不怕劳动的人,多年忘我劳动的人。"让每一个孩子在感受当下幸福生活、享受丰硕劳动成果的同时,也能思考这些成果背后的辛劳,体会努力劳动后喜获丰收的美好。这就是我们进行劳动教育的意义和价值。

【专家点评】

中国是一个农业大国,源远流长的农耕文明是孕育中华文明的母体和基础。农耕文化是中国人民几千年生产、生活智慧的结晶,它体现和反映了传统农业的思想理念、生产技术、耕作制度以及中华文明的内涵,它的形成和发展,浸透着历代先贤的血汗,凝聚着我们民族的智慧。农耕文化曾经覆盖了中国社会的方方面面,是中国优秀传统文化的主干成分,也是构建中华民族核心价值观的重要精神文化资源。其文化的内涵可概括为"应时、取宜、守则、和谐"。班主任在设计组织该系列活动时,一方面将这八个字渗透于活动内容选择的方方面面,另一方面在活动形式上也充分尊重了小学各年段学生的身心发展特点和教育规律。低年段学生学习参观农耕文化博馆活动,中年段学生水培植物的培植体验活动和高年段学生的小农匠种植实践活动,真正让学生从认知到行动,从向往到实践,从情感的养育到意志的培育,从部分感官的参与到全身心地投入。活动内容适切有趣,活动形式真实多样,活动过程有始有终,活动结果富有成效。

2 Running Books——阅读接力

【活动缘起】

以书为友,能积淀学养,启人心智,激发思考。

读书,不是一蹴而就、立竿见影的事情,读书更像是滴水穿石的坚持和积累。在日积月累的过程中,孩子们的思想和心灵慢慢得到沉淀,终有一天他们会展露锋芒。

一千个读者就有一千个哈姆雷特。孩子在阅读的过程中,更喜欢交流和分享。如果以传递的方式,鼓励大家在集体中和小伙伴们一起阅读,并写下自己的阅读感受,然后再传递给下一位同学。那么,每个孩子在开始阅读之前,都会看到上一位读者的所思所感,进而引发阅读兴趣。经过阅读,留下自己阅读的情感文字,或是共鸣,或是探讨,从而形成伙伴间思维的碰撞和精神的交流。

【活动设计】

活动一 阅读接力,遇见你我

班上的孩子们非常喜爱读书,课间时常能够看到他们每人捧着一本书

七 美好生活我来创

静静地读着,沉浸在书的世界中。遇到触动心灵的文字,他们便会默默记下来,运用到写作或者日常交流中。每当别人提及他们阅读过的书籍中的片段,孩子们会非常兴奋,抑制不住想要表达的欲望。那么,就让书籍流动起来,每个孩子推荐一本,就有了班级的"Running Books"阅读接力活动。让同一本书在孩子们中间流动起来,让孩子们在书中也能遇见不一样的他人和自己。

活动年级:二年级以上

活动地点:教室、走廊和家里

活动准备:一份阅读登记表,一个班级图书角,每个孩子利用寒暑假自由阅读并准备一本自己最喜欢的书

经过一个假期的时间,孩子们尽情地在书籍和文墨中徜徉,也带来了他们精心挑选的一本书。几十本"Running Books"的加入,让我们的阅读接力行动开启新的航程。

首先,通过自荐和推荐的方式,孩子们投票选出班级的"Running Books"管理员两名。我先以孩子们的学号为这些书籍编码,并贴上标签,由管理员进行书籍的登记,包含编号、姓名、书名、简介等。

接着,由管理员介绍阅读接力的规则和注意事项。具体是:每个同学把自己的书籍传递给学号在自己后面的一位同学,即:1号传递给2号、2号传递给3号、3号传递给4号……以此类推,一周进行两次传递。每个孩子阅读之后要在书籍扉页写下自己的感想或者书评,1~2句话即可。每一本书都是孩子们精心挑选的,因此,我叮嘱孩子们在传阅的过程中都要爱护和珍惜,不能让书籍出现污迹和破损等现象。

终于,我们的阅读接力活动正式开始了。孩子们拿到没看过的书都非常兴奋和好奇,迫不及待地阅读起来。每到课间时分,教室里、走廊上,都是孩子们汲取知识的身影。有的独自端坐、轻声呢喃,有的三五围坐、附耳交流。不仅如此,很多家长也反映孩子回家后,也是争分夺秒地阅读。他们探索着书中的奥秘,也好奇下一本书的内容。那些多彩的书评,让孩子在书中遇见不一样的自己和他人。

真体验,真发展——班级特色活动设计

当然,在阅读接力进行中,也出现过小小的"意外"。比如,有的孩子拿到的书籍是自己已经阅读过的,还有的孩子因为生病等原因没有在一周完成阅读,还有的同学提前读完了,想要再读下一本书等等。这个时候,管理员和班级小干部就发挥了作用。我作为班主任进行适当引导和帮助,由管理员进行协调。出现"特殊情况"的同学需要到管理员处进行登记,由管理员进行合理调配。每个孩子还要在自己的阅读记录本上记录自己的"阅读轨迹",包括已经读过了哪些书,自己的书评,其他同学的书评中自己最喜欢的内容,以及简单的读书笔记等。

设计意图

阅读接力活动可增强班级的阅读氛围,培养学生对阅读的兴趣,也为喜爱读书及创作的学生提供了展示平台。通过书评,孩子们在阅读的时候遇见不同的观点,和伙伴一起分享、交流、碰撞。读书,是一生的功课,同学们唱着时间的歌,走过岁月的足迹,遇见书中的自己,一起在分享、互勉中前行。

活动二　Running Books——阅读传递

培根说:"读书就是将别人的思想变成一块石头,然后建构起自己的思想殿堂。"

经过几个学期的阅读接力活动,孩子们带来的书籍已经得到充分传阅。教室的图书角里,有前几个学期留下来的闲置书籍,于是我跟孩子们商讨,准备联谊对应班级的学弟学妹们开展"以书换书,阅读传递"活动。孩子们的热情很高。

活动年级:三年级以上

活动地点:教室、走廊和家里

活动准备:一份书籍传递登记表,将图书角的书籍进行分类,制作宣传海报等

各位班委和管理员们齐心协力,整理好班级的书籍,分配到每组。组长召集成员,分工合作,制作海报,做好前期准备。每个学生都有自己负责的

工作,各自发挥长处:绘画,写宣传语,思考换书策略,询问对应班级学弟学妹的阅读喜好等。

因为前期付出了很多,做了充足的准备工作,而且是和其他班级的学弟学妹们传递书籍,所以孩子们都充满着期待,同时也夹杂着些许的紧张情绪。

孩子们早早准备好了"摊位"并张贴了宣传海报,也非常有创意地给"Running Books"摆了"pose",场面很是热烈。孩子们投入的模样成了校园里一抹亮丽的风景线,每个凝神思考、欢快奔走的身影,都那么闪闪发光。

终于盼来了学弟学妹们,这些孩子也是怀着同样激动的心情排队走进教室,看到喜欢的书便驻足翻阅,浸泡在书香里,陶醉其中。我们班上的孩子们十分热情地向学弟学妹们介绍书籍内容,看到学弟学妹们确实很喜欢,或者犹豫不决的时候,他们就大方地提出换一赠一的"优惠活动",大孩子们表现出了在弟弟妹妹面前的"小大人"模样。

孩子们成功换到了自己喜欢的书籍,静静地坐在座位上翻阅了起来。当我看到这一幕时,内心充满了感动。打开一本书,就是打开一个世界,在这个世界里,孩子们可以自由徜徉,随心"悦"读。

活动结束后,孩子们收获颇丰,平均每小组都换到了十多本书,其中还有一些名著或者传记正是本学期的推荐书目。看着孩子们满脸的幸福,我的内心也是喜悦的。接下来,小组成员每人选读一本书,写读后感或推荐语,并利用班会进行展示和分享。

设计意图

教育在细微处,孩子们在实践中成长。阅读接力,传递知识和温暖,让孩子们在此过程中,都能做一个幸福的读书人,享受阅读的快乐和幸福。

班级里的"Running Books"凝聚着孩子们对阅读的热爱,对未知世界的好奇与探索,这将成为班集体一笔最宝贵的财富。

活动三 Let's read——我为你读

"世界读书日"全称是"世界图书与版权日",又译作"世界图书日",最初的创意来自于国际出版商。1995年正式确定每年4月23日为"世界图书与

真体验，真发展——班级特色活动设计

版权日"，设立目的是推动更多的人去阅读和写作。

在4月这样一个洒满书香的日子，我与任课老师商议，和孩子们一起读书。让读书成为一天学习生活的开始，让读书成为开启每一节课学习的"启动仪式"，让读书成为带来新知识的"开场白"，于是"我为你读"这样一个课前的暖场活动，成了孩子们每天最大的期待。

活动年级：五年级

活动地点：教室、实验室、多功能教室等

活动准备：每位教师可根据自己的学科特点或者个人爱好，准备一小段文学作品

"Let's read——我为你读"就是鼓励老师们在备课之余，结合学生的年龄特征、自己所教学科的特点，对自己比较欣赏的文学作品，以一些轻松活泼的形式，在每天上课前给孩子带来一个文学作品片段的诵读。

铃声响起来了，孩子们端坐在教室，每一个孩子的脸上都挂满了期待。今天的这节课，老师又会给我们带来怎样的文学作品呢？

活动开展起来后，孩子们既感到新奇，又充满了期待。老师们也借此机会，向同学们分享自己喜爱的文学作品。道德与法治的老师为孩子们带来诗歌作品《我骄傲，我是中国人》。老师铿锵有力的声音，激发了孩子们的爱国热情，也激励着孩子们奋发图强。数学老师给大家读了一段数学家华罗庚的故事，故事中提到这位被誉为"人民的数学家"的老人，用一生的拼搏和执着，在祖国大地上树立起创新的丰碑，塑造了中国人独特的精神气质。音乐老师给大家诵读了歌词《我的祖国》，并向同学们介绍了作者乔羽创作过程中的故事，让孩子们感受到了歌曲背后所展现的时代风貌，品味到了它所留存下来的动人历史文化。

设计意图

最是书香能致远，腹有诗书气自华。莎士比亚写道："只要人类在呼吸，眼睛看得见，我这诗就活着，使你的生命绵延。"花香虽让人迷醉，却总是韶华易逝。书香，却是萦绕在生命里的清香，能够代代流传。

让每一位老师在开始上课之前都为孩子们读一段文学作品，既能让孩

子们有不一样的读书体验,也能增进师生之间的感情。让阅读成为沟通师生的又一座美好桥梁吧。

【活动反思】

我们常说,书籍就像一盏神灯,它能照亮人们最遥远的生活道路,也是闲暇和独处时的慰藉和陪伴。对于孩子们来说,阅读有着无尽的魅力,像是为孩子们打开了一扇五彩斑斓的窗户,带着他们去增长智慧、开拓视野、挥洒求知欲。孩子们也可以在书香墨韵中领略名师大家们笔下描绘的大千世界。

阅读接力活动可以让知识在传递中更有魅力,也让书籍在流动中发挥更大的作用。因为读书不是思想的灌输,而是思想的交流,孩子们带着自己的想法和优秀的文字做沟通,是与作者对话,也是和内心对白。书是思想的载体,阅读接力活动中,孩子们可以就一本书和伙伴们产生思想的共鸣,也可以带着自己的感悟和理解,与师长们交换品评。在阅读之余,孩子们能够收获新的见解,捕捉新的灵感,萌发新的启迪。

【专家点评】

朱永新教授曾经说过:"一个人精神发育史就是他的阅读史。"一个生命最重要的应该就是精神的成长。

阅读作为一种学习手段,可以丰富学生知识,开阔学生视野,提高学生的认知能力、审美能力,熏陶学生思想,陶冶学生心灵。阅读优秀的文学作品,对学生的影响是深远的,且是潜移默化的。借助优秀的作品,以"知""情"为开端,以"知"启迪人,以"情"感动人。学生情感上受到触动,思想道德的认知水平有了提高,必然影响其"行"的转变,完成由内心变化到外显行为变化的完整的心理过程。

在"阅读接力"系列活动的设计与组织中,班主任老师借助开学第一课、4月23日世界读书日等重要时间节点,与班级图书角的布置与管理相结合,展开了系列阅读活动,有活动启动仪式,有阅读记录手册的设计与使用,有图书传递接力,有师生阅读互动,有评价激励与展示。系列活动环环相扣,活动形式新颖有趣,相信孩子们一定会很喜欢。

书籍是人类进步的阶梯,我们一定要多鼓励学生去阅读,徜徉于书籍的海洋,从而不断进步。不过,老师们一定要慎重于对学生所阅读书籍的选择与推荐。

3 快乐成长没烦恼

【活动缘起】

有一首歌唱得好:"小小少年很少烦恼,无忧无虑,乐陶陶。终有一天,风波突起,忧虑烦恼都来了……"小学生正处在身心发育的时期,在逐渐从幼稚走向成熟的过程中,心理素质不稳定,情绪起落比较大,烦恼将随着他们度过学生时代。实际上,烦恼本身并不是值得担忧的事,但它却影响着学生的学习与生活。如果烦恼处理不当,积压下来,也会成为学生的包袱,并有可能发展为心理问题的导火索。

因此,对学生进行克服烦恼的教育、帮助学生正确对待和处理烦恼是十分重要的。本活动让学生认识到烦恼的危害不在于烦恼本身,而在于我们对待烦恼的态度,教会学生一些处理烦恼的方法,做一个快乐的孩子。

【活动设计】

活动一 克服烦恼,快乐成长

孩子入学后,便进入了一个集体。他们与老师、同学和睦相处,班级里组织开展的丰富多彩的实践活动,让孩子们在活动中经受磨炼。孩子们在活动中不断克服困难,进行自我约束、自我调节、自我教育,在活动中成长,在活动中走向成熟。

活动年级:七年级

活动地点:教室、活动室等

活动准备：彩纸、水彩笔、便利贴等

一开始，我开门见山地向孩子们提出问题："孩子们，你快乐吗？你今天快乐吗？你现在快乐吗？如果你快乐，请在白纸上画个笑脸；如果不快乐请在白纸上画个哭脸。"

孩子们在事先准备好的画纸上，根据自己的心情，画出代表快乐心情的笑脸和代表烦恼的哭脸。

接下来，我给孩子们讲了一个小故事：发语文知识点监测卷，小萱和小路各自在看自己的试卷。小萱发现自己的成绩很不理想，心里很难过。她不从自己的答案上找原因，却认为是语文老师偏心。这时候小路过来安慰她，却被她误解了，并且说了很难听的话，把小路气走了。朋友走了，老师又不喜欢她，小萱心里十分难过。第二天，小萱的试卷上没有家长的签名。从那以后，小萱看见语文老师就避开，上语文课时无精打采，对待语文作业也越来越不认真。

故事里的场景是孩子们经常会遇到的，因此，很多孩子都能理解故事中小萱的心情，也很同情这种情绪给她的学习和生活带来的不利影响。孩子们就以下问题展开讨论：小萱认为朋友走了，老师又不喜欢她，自己真的很没用。她的这种想法你认为正确吗？你与她有什么不同的想法？哪种想法是最积极、最合理的呢？

孩子们经过分组探讨，提出了不同的想法，也发现了不同的想法会产生不同的结果。接下来，我让孩子们再一次进行交流和分工，按照自己的讨论结果在小组内进行角色扮演。

"生活是一面镜子，你对它笑，它也对你笑，你对它哭，它也对你哭。"这是英国著名作家萨克雷的一句名言。据说巨商希尔顿在成功前是一个穷汉，母亲仅给他五千美元去经营旅馆。几年后，希尔顿成了商业巨子。当希尔顿的母亲问他是怎样克服烦恼的，希尔顿说："微笑。"原来，每当遇到挫折和不合理的事情时，他就马上到卫生间或一个角落拿出镜子去练习微笑。

每个人生活中都可能会遇到令人烦恼的事情，如果你肯动脑筋，你会发现使心情变好的办法是很多的。随后，孩子们将使心情变好的方法写在"摆

真体验,真发展——班级特色活动设计

脱烦恼小妙招"记录卡上。

最后,孩子们分享一些克服烦恼、保持快乐的小妙招,如听音乐、吃东西、睡一觉、踢足球、打扫房间、看课外书、找好朋友倾诉、对着镜子笑、回忆过去快乐的事情、做深呼吸,等等。

设计意图

烦恼和不良情绪是孩子们成长过程中都要面对的。当孩子们学会用语言描述自己的烦恼和不良情绪后,我们就可以教他"驯服"自己的情绪,不再担心他们被烦恼控制,变成失控的"小怪兽"。烦恼和情绪是我们的一种心理活动,正视它、理解它、化解它,我们就能够拥有更多的积极情绪,也能更好地生活和成长。

活动二 快乐护航,向阳生长

世界上最浩瀚的是海洋,比海洋更浩瀚的是天空,比天空更浩瀚的是人的心灵。多姿的生命离不开健康的心理,拥有健康的心灵和阳光的心态,才能够拥有五彩斑斓的生活。

活动年级:八年级

活动地点:校园里每一个充满爱的教室

活动准备:心理健康小视频、烦恼诉说卡等

为了让孩子们能够正视成长中的烦恼,快乐地成长,我鼓励孩子们积极踊跃地敞开心扉,说出自己在生活和学习中遇到的困惑和难题,分享自己主动调节情绪和缓解压力的小妙招。同时,我为孩子们播放了有关心理健康的小视频,帮助孩子们正视自己的情绪,学会发泄不良情绪的方法。除此之外,我和孩子们还组建了"温暖心灵小屋",希望他们遇到困难时,能积极地去寻求心理老师的帮助,以一个积极的态度面对困难,用乐观的心态迎接挑战。

接下来,我让孩子们意识到,中学生正值青春期的快速发展阶段,他们对自我认识不明晰,情绪多变容易引发心理健康问题。所以,我们以青春期心理健康问题为主要内容,为同学们普及心理健康知识,介绍常见的心理疾

病及其处理,并从数据分析、情绪调节等方面对孩子们进行了深入的引导。整个活动中,同学们积极反馈,畅所欲言,这不仅是一节心理学小课堂,也是一次敞开心扉的交流会。

最后,孩子们拿出烦恼诉说卡,写出自己的烦恼,我引导他们在学习当中一定要使自己的心境平和、心情舒畅。这是让我们心理健康的基础,我们要学会用理智、客观、自律的宣泄方法来控制自己的消极情绪,让自己的身心能够舒展,并在各种实践活动中逐步改掉不良的性格特征,从而正确又合理地对待自己的期盼。

我提醒孩子们,正确地评估自己也是为了不断地调整,如果自己感觉到能力实现不了既定目标的时候,就应当顺应现实并及时地调整,不去做力不从心的事情,并且要正确看待失败和成功。另外,一定要客观理智地去对待学习成绩,一定要摆脱由自我意识形成的以成绩论成败的思维模式。

设计意图

内心的坚实,是成功的基石。通过这样的活动,同学们会产生正确认识情绪、学会接纳自己的意识。其实,不是我们烦恼太多,而是我们心胸不够开阔,不是我们幸福太少,而是我们还不懂得生活。我们要学会在烦恼时懂得放松自己,如唱首歌、听听音乐、散散步以及与亲人、朋友聊聊天等。生活是美好的,在不愉快的时候,我们更应该学会调节自己的情绪,相信阳光总在风雨后。

【活动反思】

一颗种子从进入土壤,到接受阳光雨露的洗礼,感受风雪雷电的考验,历经土石磨砺,慢慢长成幼苗,再到开花、结果,扎根于广袤的土地,每一个成长过程都要经历来自外界环境的考验。

我们的孩子也是如此,他们带着对世界的未知来到我们身边,每一个成长阶段都要面临各种各样的困难和挑战,"成长的烦恼"也就接踵而来。但是,他们不同于大自然里的其他生命,他们的身边有我们。作为孩子成长过程中的重要他人,我们教师需要给予他们一个疏解烦恼的港湾。

本次活动就是要让孩子们在集体中感受老师和同伴的关爱,体会到自己的烦恼并非被他人"针对",化解烦恼的方法其实只需要自己换一个角度看待问题。在面临烦恼纠缠和遭遇挫折困苦的时候,都有温暖的人在守候着我们。这样,孩子们的心里便会照进阳光,他们也会成为这个社会积极乐观的创造者。

【专家点评】

良好的个性心理品质是培养正确的世界观、人生观、价值观的重要基础。针对当下青少年出现的心理问题,班主任老师循着学生成长的规律,开展"解决烦恼""情绪调节""自信阳光"等若干心理教育活动,从而帮助学生正确看待生活中遇到的"行有不得",寻求更科学有效的方法来评估并调整自己的情绪,同时建立自信,学会与他人合作。心理教育不仅是"救火",更是"防患于未'燃'",所以这就需要班主任了解学生,对于学生成长各阶段的问题有一定的预见与了解。建议班主任在开展班级心理教育活动时,要调动任课教师及家长的力量,形成育人合力,并在班级其他教育活动中渗透心理教育的内容,营造适宜学生身心健康成长的班级生态环境。

4 纸飞机 飞起来

【活动缘起】

从明朝时万户"火箭飞上天"的大胆实验,到清末主张"航天救国"的"中国航空之父"冯如,再到新时代航空航天伟大事业的开拓者,中国人对天空的探索从未止步。

从1930年红军的第一架战机"列宁号"的飞行,到1956年第一架国产喷气式歼击机的首飞成功,再到中国第一至五代机型的发展,党领导下的中国航空航天事业飞速发展。

对孩子们来说,折纸飞机的游戏,有利于锻炼和培养他们的空间认知能力、动手能力、逻辑能力等各种能力。一张简单的A4纸在孩子们的手中翻过来、折过去，一架架纸飞机就诞生了。孩子们用力将手中的纸飞机抛向天空。一次又一次的成功飞行，让孩子们变得更加自信。

【活动设计】

活动一　手动纸飞，梦想起航

多彩的童年怎么能不折纸飞机呢？看着自己亲手折出的纸飞机在空中上升、回旋、滑翔时，孩子们仿佛自己也跟随着纸飞机在空中起舞飞翔……

活动年级：五年级

活动地点：教室、操场或其他可以让纸飞机自由飞翔的地方

活动准备：折纸飞机用的 A4 纸、水彩笔、剪刀等工具

折纸飞机活动是一项集科技、体育、趣味于一体的赛事活动，因使用材料简单、不受场地限制而受到同学们的欢迎。我们的比赛分为"手掷纸飞机时间比长竞赛""纸飞机直线距离比远竞赛"和"创意纸飞机"等几项内容。一张张 A4 纸，在孩子们的手里变成了一架架形状各异的纸飞机。小选手们在"起航线"上认真准备着，跃跃欲试，都希望自己的"飞机"是飞得最远、最高的那一架。

孩子们在教室里用统一的 A4 纸张，精心地折叠着纸飞机，有的还用水彩笔写上编号。每个孩子都认真地创作着属于自己的纸飞机，还时不时探讨一下折纸飞机的方法和小窍门。孩子们终于大功告成，大家前往操场进行"试飞"和竞赛。

首先进行的是手掷纸飞机时间比长竞赛。这个比赛项目让孩子们既动手又动脑，若想让纸飞机在空中停留更长的时间，一定要好好学习有关科学知识，并提高自身的动手能力。孩子们折的纸飞机形状各异，飞舞在操场的半空中，操场瞬间变成了妙趣横生的"纸飞机世界"。

接下来进行的是纸飞机直线距离比远竞赛。不管是在上一项比赛中名列前茅的孩子还是暂时落后的孩子，依旧热情高涨。孩子们手拿纸飞机，站在边界线外，把纸飞机奋力向前扔去。这是一场距离之战，远者为王。老师

们忙着测距离,而孩子们则在一旁欢呼雀跃,尽情享受着放飞梦想的欢畅。

最后,孩子们"转战"回家,把比赛场地搬回家里,进行个性化创作,参加创意纸飞机大赛。孩子们通过灵巧的双手,奇思妙想的设计,认真专注地创作自己的作品,纸飞机实现了五花八门的大变身。一张张普通的 A4 纸在孩子们的手中变成了惟妙惟肖的战斗机、歼击机、直升机、涡轮螺旋桨式飞机,甚至还有充满未来科技感的变形机。总之,孩子们的作品体现了灵感与智慧。

活动结束后,孩子们还总结了折纸飞机的七大策略,并在全班进行了交流和改进。

设计意图

此活动让孩子们走进科技世界,领略科创魅力。折纸飞机活动就是让每个孩子去体验感悟,爱上科学思考,用探究之心、创新之眼,去点亮属于自己的科技之梦。

活动二　纸飞机,大智慧

孩子们进入中学学习后,有了一定的知识储备,几何知识、力学知识以及动手操作能力都比小学阶段有了不同程度的提高。在孩子们心里,对纸飞机的喜爱和对飞行、航天等领域的热情和向往,仍然没有一丝消减。那就和伙伴们再来一次折纸飞机的角逐吧。这不仅是动手能力的较量,更是一场智慧的比拼。

活动年级:七年级

活动地点:教室、操场以及其他可以让纸飞机自由飞翔的地方

活动准备:折纸飞机用的 A4 纸,水彩笔、剪刀等工具,关于制作纸飞机的策略

纸飞机虽然是由一张再普通不过的 A4 纸折叠而来,但小小的纸飞机里,却藏着大智慧。不仅要了解流体力学、材料力学、空气动力学等知识,还要能在空气里熟练应用这些力学知识,创造出各式各样的纸飞机,并让它们飞起来。可以说,在小小的纸飞机上,实现了艺术美与科学美的统一。

七 美好生活我来创

活动开始了。首先，我们进行的是理论学习。要想让手中的纸飞机不再单纯地是件玩具，而是一件承载智慧的"作品"，那么，孩子们就要先来研究纸飞机在空中飞行的原理和影响它飞行高度、速度的因素有哪些，这样，才能折出更加完美的纸飞机。古人有"纸上谈兵"一说，我们先来一个"纸上飞机"吧。

然后，孩子们进行自由分组，收集和整理有关纸飞机飞行原理的资料以及制作纸飞机的"攻略"等等，并在全班分享。其中，小林同学还带来了美国著名"纸飞机大师"约翰·柯林斯的纸飞机故事。

了解了这么多关于纸飞机的知识，终于到了"飞机起航"的环节。本次折纸飞机比赛核心词是"远"。那究竟如何才能实现用一张最普通的 A4 纸折出的纸飞机飞得最远呢？孩子们组建研发小组，多途径搜集资料，尝试用不同的折叠方法折纸飞机。

纸飞机比赛先在每个小组内部选拔，推选 2～3 名"致远战机"，然后参加决赛比拼。决赛开始！参赛选手们不愧是历经层层选拔的种子选手，一个个摩拳擦掌，投掷飞机的姿势一个比一个标准。旁边观赛的孩子们也激动地为自己的组员加油、呐喊。

设计意图

这场纸飞机比赛，目的在于经过探索和实践，让孩子们不仅认识到团队协作、钻研攻关的重要意义，还对广阔的天空有更多探索欲。同时，也能体会到勤于探索、勇于创新、相信科学、依靠科学的航天精神。小小航天梦，将在他们的心中生根发芽。

活动三 走近航模，筑梦航空

探索浩瀚宇宙，发展航天事业，建设航天强国，是我们不懈追求的航天梦。经过几代航天人的不懈奋斗，我国航天事业创造了以"两弹一星"、载人航天、月球探测为代表的辉煌成就，走出了一条自力更生、自主创新的发展道路，积淀了深厚博大的航天精神。青少年作为祖国的未来，肩负着民族复兴的大任。我们教师要激发他们崇尚科学、探索未知、敢于创新的热情，为实现中华民族伟大复兴的中国梦凝聚强大力量。

活动年级：八年级

活动地点：教室、多媒体教室等

活动准备：白纸、水彩笔、剪刀等工具

为了让孩子们爱上航空，激励孩子们努力学习科学文化知识，将来为"航空梦"贡献自己的智慧与力量，激发他们学习科技知识的热情，学校邀请航空科普讲师、航模飞手和志愿者走进班级，给孩子们带来了精彩生动的航空科普主题活动。

针对孩子们航空方面知识基础的不同，科普讲师定制了不同的授课内容和航模制作选择。对初次接触航空科普活动的学生，讲师设置了趣味性更强、更广泛的航空通识内容，以培养他们对航空的爱好，并通过制作可以飞行的橡皮筋动力飞机航模，激发他们的学习兴趣。

对有航空知识基础的学生，科普团队为他们准备的学习内容则是从另一个新的角度来探索航空知识的大宝藏，即从飞机设计师和制造工程师的角度，为孩子们清晰地展现了设计、制造、试飞等真实的生产过程，向孩子们揭开了航空工业的另一面。科普团队带领孩子们制作了以我国三大飞机项目之一的AG600为原型的静态拼插模型。看着自己亲手模拟制造完成的一架架"飞机"，孩子们脸上都露出了欣喜的笑容。此外，航模飞手还为孩子们表演了炫目的直升机航模飞行表演，让孩子们近距离地感受飞行的魅力。

设计意图

青少年是祖国未来科技发展的新生力量，通过这样的活动，可给孩子们营造热爱科学的氛围，增强学习科学的兴趣，使他们加深对祖国航空航天技术发展的了解，并提升民族自豪感，培养孩子们担当民族复兴大任的意识。

相关链接

航空科普进校园活动的照片可扫码下载。

【活动反思】

一张空白的纸张看上去平淡无奇,毫无亮点,好像没有人会把目光过多地停留。但是,也正因为它的空空如也,映射出它无限的可能性。孩子们通过灵巧的双手把它们打造成形态各异的纸飞机,当纸飞机从孩子们的手中飞向天空时,它们所承载的多彩梦想也被放飞。

【专家点评】

科学教育与道德教育相辅相成,相得益彰。缺少了科学教育的道德教育如同空中楼阁,摇摇欲坠;缺少了道德教育的科学教育则会失去教育的灵魂,没有意义。只有两者结合起来,才能造就中坚人物,才能成就一个大写的"人"。折纸飞机活动,既是班级的科学教育活动,也是道德教育活动。班主任在组织开展该活动时,从纸飞机的手工折叠,到纸飞机的趣味游戏比赛,到纸飞机的飞行原理与改造,再到对中国航空航天技术的了解以及航模的制作与比赛,学生年段及活动内容难度均由低到高,活动形式从游戏到竞技,学习方式从认知到实践再到认知,科学学习与道德学习均真实发生,其中道德意蕴丰厚,育人方式丰润。

后 记

《中小学德育工作指南》指出：活动育人是德育实施的重要途径，德育工作者要精心设计、组织开展主题明确、内容丰富、形式多样、吸引力强的教育活动，以鲜明正确的价值导向引导学生，以积极向上的力量激励学生，促进学生形成良好的思想品德和行为习惯。

良好的班集体是一个学习共同体，而班级活动是建设良好学习共同体的重要载体。班级活动的有效开展可促使师生、生生之间链接得更加紧密，营造利于学生成长的生态环境。班级活动设计有创意，则更符合儿童的身心特点，更能调动学生的多感官主动参与学习体验，在真实的情绪情感激荡中，架起学生知与行的桥梁，提升育人成效。

基于以上的共同认识，南京江北新区教育发展中心从班级文化布置、班诗班歌、班级活动、班会课程、育人策略等五个维度，带领全区班主任们开展班集体的建设，其中涌现了很多既有创意又有意义的班级活动案例。基于此，在南京师范大学班主任研究中心齐学红教授的指导下，南京江北新区教育发展中心钱淑云部长带领几位德育骨干，结合自己真实开展的活动案例进行了梳理与修改，从活动的缘起、设计、反思等方面作了统一的撰写与完善。

一个个真实的场景、一个个新颖的活动设计、一次次难忘的体验、一句句切身的感受，经过切磋琢磨，从学生的日常生活出发，围绕理想信念教育、优秀传统文化教育、生态文明教育、好习惯培养等内容，构成了家国情、仪式感、环保行、公益心、亲子游、劳动周等七大主题的系列班级特色活动。这些活动既玩出了花样，提高了学生参与活动的兴趣，又缓解了不同年段学生的

后 记

学习压力,提升了班级凝聚力,促进了班级核心价值观的形成。

本书是集体智慧的结晶,由南京江北新区教育发展中心钱淑云担任主编,编写分工是:南京市扬子第二小学王荣老师负责"学会生活　快乐成长"的编写;南京江北新区六一小学郑花老师负责"家国情怀　不忘初心"的编写;南京市琅琊路小学明发滨江分校郑妍老师、南京江北新区高新实验小学张珺老师两人共同负责"特别的日子　特别的你"和"温暖亲情　强健身心"的编写;南京市扬子第四小学陆春玉老师负责"好习惯受益终身"的编写;南京市琅琊路小学柳洲东路分校帅铃铃老师负责"假日小队这样玩"的编写;南京江北新区泰山小学张露露老师负责"美好生活我来创"的编写。

感谢参与这本书编写的所有班主任或德育工作者的付出。对于她们而言,这既是一次对自己带班经历的回顾和经验总结,也是对其未来班级管理的一种激励和鞭策。希望这本书能让一线的班主任老师们,尤其是新手班主任们尽快地找到开展班级活动的窍门,真正站在"儿童的立场"上,走进"儿童的心灵"。当然,我们也非常欢迎大家批评指正,希望与大家共同切磋。

编者
2023 年 5 月

图书在版编目(CIP)数据

真体验,真发展:班级特色活动设计/钱淑云主编. —上海:复旦大学出版社,2023.5
(随园班主任小丛书/齐学红总主编)
ISBN 978-7-309-16667-5

Ⅰ.①真… Ⅱ.①钱… Ⅲ.①中小学-班主任工作-研究 Ⅳ.①G635.16

中国版本图书馆 CIP 数据核字(2022)第 243081 号

真体验,真发展:班级特色活动设计
钱淑云　主编
责任编辑/朱建宝

复旦大学出版社有限公司出版发行
上海市国权路 579 号　邮编:200433
网址:fupnet@fudanpress.com　http://www.fudanpress.com
门市零售:86-21-65102580　团体订购:86-21-65104505
出版部电话:86-21-65642845
浙江临安曙光印务有限公司

开本 787×1092　1/16　印张 11.5　字数 171 千
2023 年 5 月第 1 版
2023 年 5 月第 1 版第 1 次印刷

ISBN 978-7-309-16667-5/G·2457
定价:45.00 元

如有印装质量问题,请向复旦大学出版社有限公司出版部调换。
版权所有　侵权必究